AF356159

那测不透的丰富

杨舞 著/绘画

Comte Barcelona
巴塞罗那伯爵出版社

First edition
Editing by Qinfeng Zhang
©Front cover and illustration by Shun Yang
First printing March 2020
Published by Comte Barcelona

ISBN: 978-84-12877-6-2 (Hardcover Edition)
ISBN: 978-84-12877-7-9 (Digital Edition)
Visit https://comtebarcelona.com

书名：那测不透的丰富
著者：杨舜
封面与内文插画：杨舜
版次：2020年3第1版
编辑：张秦峰
出版发行：巴塞罗那伯爵出版社

ISBN: 978-84-12877-6-2 (精装版)
ISBN: 978-84-12877-7-9 (电子版)
详情可访问网站：https://comtebarcelona.com

推荐语

抽象画在杨舜那里不是一个绘画类型以及当代与否的问题，甚至也不是受到艺术史启发之后的痛定思痛。在她看来，绘画上的改变是和精神生活的确立紧紧联系在一起的，它不是心血来潮，不是实验，而是生成。抽象画，假如我们坚持说它什么具体的东西都没有带给我们，它作为杨舜的选择也正好是只想让它成为对精神世界的一次次进入。这个精神世界说不清道不明，因为它已然彻底地和生活重叠，不再存在男性竞争社会的外在追求，只模糊而不确定地显示出艺术家扎根于内心的自由与爱。

——陈侗（广州美术学院教授，知名艺术评论家，获法国骑士勋章）

杨舜实现了与写实风格绘画 -- 这个她所被灌输的传统艺术表达方式的剥离，她重新检视关于最初视觉影像的精神象征力量，发掘有关感官性的元素，并对社会所遵循的固有解构思维进行挑战与对抗。这是一批充满感性和柔情的作品，空灵混沌的画背景底层，与表层勾画的清晰且自由的线条，搭建了一个内在与外在，物质与精神的对话支点。组成了一个具有物质实体与形而上涵义层次的风景，这些独特的充满张力的元素聚集在一起，在和谐中对鸢。就是这种整体的和谐成为杨舜创作的世界，而杨舜也从她的自身经验里寻求美学与人格上的和谐。

——亚历克斯·布拉英（著名独立策展人）

中国传统文艺理论中，诗与画号称姊妹，甚至是孪生姊妹。唐人张彦远《历代名画记》里就说"书画异名而同体"，所谓"诗中有画，画中有诗"。《那测不透的丰富》是诗画合集，诗是文学中的精华，抽象绘画又是绘画中的精华。读完不禁想起"Song of Songs"——歌中之歌，著名的汉译是"雅歌"。常见的说法是：传道书告诉我们，这个虚空的世界不能满足人心，而雅歌告诉我们，惟有基督才是人心里所求所想。文艺创作无法脱离时代风气影响，因而从文艺创作中，可以感受到作者所处时代的风气，"好比从飞沙、麦浪、波纹里看出了风的姿态"。从杨舜的文艺创作中，看到的时代大风气是人心贪婪不足；然而又有一支隐忍坚定的脉络，跳脱时代漩涡，投身平静而多彩的世界。这让人看到，"活着，还有其他维度和可能性"。

——杨葵（作家、书法家、策展人）

诗有别才，非光学也；画有别趣，非光绘也。杨舜女士兼具诗画恩赐，以画写意，用言描景。她把读者带入画中，将观众领进诗境，体验生命的奇妙，感受言语无法讲述的恩典。

——黄保罗（赫尔辛基大学博导、哲学神学双博、教授）

杨舜是最近几年活跃于国际艺术舞台并为人熟知的一批中国艺术家中的一员。她受过广泛的学院熏陶并凭借超凡的绘画技巧，使得她的作品总能塑造主流色彩。但她已经蜕变，很明显，这些从具象到抽象的转变不仅是一个有形可塑的外在，而且遵从与她的生活经历紧密相连的内在需求，使得观赏者在观察与诠释她的作品的时候，能感受到她要展现一种完全自由的欲望。这是自她真正打开自己的视觉与思想后，给予现实的一个正面回应。我们可认为这是导向世界新理念的历程。她要支起一个更美好的未来，因为这股新力量是为了寻求一个在秩序与和谐引领下的平衡世界。这是她作为一个画家,一位女性的理念,梦想,与贡献。

——安东尼奥·萨尔赛多·米里安尼（依维尔基里大学艺术史教授／艺术评论家）

杨舜在广州美术学院附中和油画系本科就读期间就打下了牢固扎实的绘画基础，以致使她之后的绘画创作中无论是把握画面的整体，还是不断的手法演变 都显现出其驾轻就熟，随心所欲的能力。这点我们可以从她艺术生涯中几个阶段中得到深刻体会，无论是从具象发展到近乎于抽象；有形嬗变到近乎于无形，都显现出她控制和转换画作的功力，以及一个职业画家的特质。

—— 郭润文（中国油画学会副主席、中国国家画院油画院常务副院长）

杨舜最近的作品画面呈现出的元素越来越精简，但其中所蕴含的信息却越来越多，她以简单的艺术语言展现丰富的艺术语境，这是只有内心丰富到一定程度之后才敢于回归的简单表达。这是一种更随意自由的,更回归本我的创作状态。在想象的空间中无序的漂移，在繁杂的思绪中精准的提炼，这看似矛盾的状态，却在杨舜的笔触中那样自然地并近乎完美地演绎。她总是把真实的情绪状态描绘出来，每一个点、线、面都如同生命的律动、生活的乐章，试图与观者心灵的脉动产生共振，带给观者自由、平静、光亮与美好。

——黄轶群（广州远园艺术馆艺术总监，策展人）

从杨舜的案例中，我看到了一个孤单的个体从妥协、迷茫到自我构建的完整过程。杨舜面对的问题与解决的方式与她的老师、她的前辈截然不同，甚至，与当代艺术中的其他案例也无法类比。正是这种差异造就了她的唯一性。

——黄颂豪（广州日报美术总监，知名媒体评论家）

写在前面的话

出版的邀请似乎来得有点突然，然而又仿佛一切都早已预备好了。

诗歌与绘画，这两条线索一直在我的生命中平行延续，只是绘画是显的，诗歌是隐的，一个是圈养，一个是放养。

十四岁开始进入诗歌模式，并非少年无病呻吟强说愁，乃是当时自我救赎的唯一出口。画画则是与生俱来的本能，从孩童时代开始就驾轻就熟。然而，绘画对自我内在生命的直接作用力，却被一系列带指标性的外围因素所淡化了……八年严谨的学院派美术教育出来后，又成为职业艺术家，要想从"太专业"的标签里出来并非易事。非专业的东西做起来没有压力和束缚，反而更自如随性，所以总觉得，也许诗歌才是真正属于我的表达方式。

断断续续写了三十多年……其中有过一段时间对诗歌非常抗拒，觉得与这个时代的气质格格不入，甚至撂下狠话说自己再也不写诗了……但有些东西就是在骨子里，无论如何想无视它存在的价值，总是难以割舍。就像画画一样，虽然也曾经被一系列实际生活重压掩盖了创作的热情，但始终有一种仿佛纠缠在基因中的召唤，叫我欲罢不能。

我从小就是一个极端的悲观主义者，整个童年和青少年时期都在忧郁灰暗的基调中度过，没有什么快乐的记忆，甚至生存的价值也常被自己否定。直到三十岁那年被上帝捡起来了，那一层严严包裹我的黑暗被震碎脱落，才知道原来活着可以如此自由和畅快。同时也解开了许多长年以来无法解开的生命的迷思，豁然开朗的我重新感知和省思那之前否定过的一切。

曾经以为，痛是人生的常态，忧郁是灵感的来源，但真正陷在其中的时候，人是枯竭和混乱的，无法产出任何美好；也曾经认为快乐是一种缺少智慧的表现，但当我尝到灵里真正的喜乐之后，才发现这是极其宝贵和重要的保障，使我可以更尽情地流泪而不至下坠。

因为这种喜乐不是建立在外在环境所提供的有限而无定的有形之物与事之上，乃是源于灵里与永恒相连结之后产生的真实的盼望，是一种有根有基的，且持定而饱满的爱的产物。

得着属天的爱的浇灌，生命变得柔韧而开阔，即使是在伤痛的至深之处，依然能看到极美的光，于是敢于放松冷漠和自我保护的缰绳，可以大胆探入一切事物的动情处，体会造物主最终的美意。

对痛与美、绝望与盼望的极致感知，经过提纯与沉淀后，却会以一种更为克制与简约的方式输出，呈现出更为抽象和精炼的作品形态。

内在生命改变了，观察的角度和表达的语境也自然会随之改变，并直接渗透在作品里。从之前所擅长的超级写实主义到抽象绘画的风格蜕变，是那样的毫无预谋而水到渠成，似乎没有经历过痛苦挣扎的瓶颈，也没有任何患得患失。

放下了，心就开了，灵就自由了。

我发现根本不需要用心良苦地从外在的物质世界寻找什么对象来复制到画布上，每天从内心迸发出来的灵感已经如此丰富，比任何客观的存在更真实，并且是超乎我的经验和预期的，沉醉在未知与不可控中，享受着作品带给我的意外惊喜。

放与收，近与远，沉与浮，呼与吸，完成了生命的光合作用。

神的道，简如诗；神的工，巧如画，是蕴藏在一切造化之中的测不透的丰富。

任何深奥的哲学思辨，任何复杂的情感纠结，都能用最简单的诗的语言来表达，甚至表达得更清晰有力。

诗歌和绘画，这两种似乎缺乏功利的边缘化的表达方式，也许可以有力地把人的心从漩涡中拉出来，再带进另一个平静而多彩的世界，让人看到，活着，还有其他维度和可能性。

受到出版邀请的开始，我觉得应该再等等，沉淀沉淀。但就在短短一个月内，灾难就在全球接二连三地发生，平安既然如此奢侈，今日能做的事就不要拖延，明天也许会更好，但不一定有机会……

于是我尽量在最短时间内把最近几年的作品都整理出来跟大家分享，没有按照时间顺序或是内容脉络进行过多的人为梳理，似乎有点跳跃和随机，但这样也未尝不好。而太早期的诗歌和绘画作品这里就不一并呈现了，免得味道参杂。

希望这本也许不太完美的集子，能为大家带来一些新鲜的感动。

杨舜

2020 年春写于广州

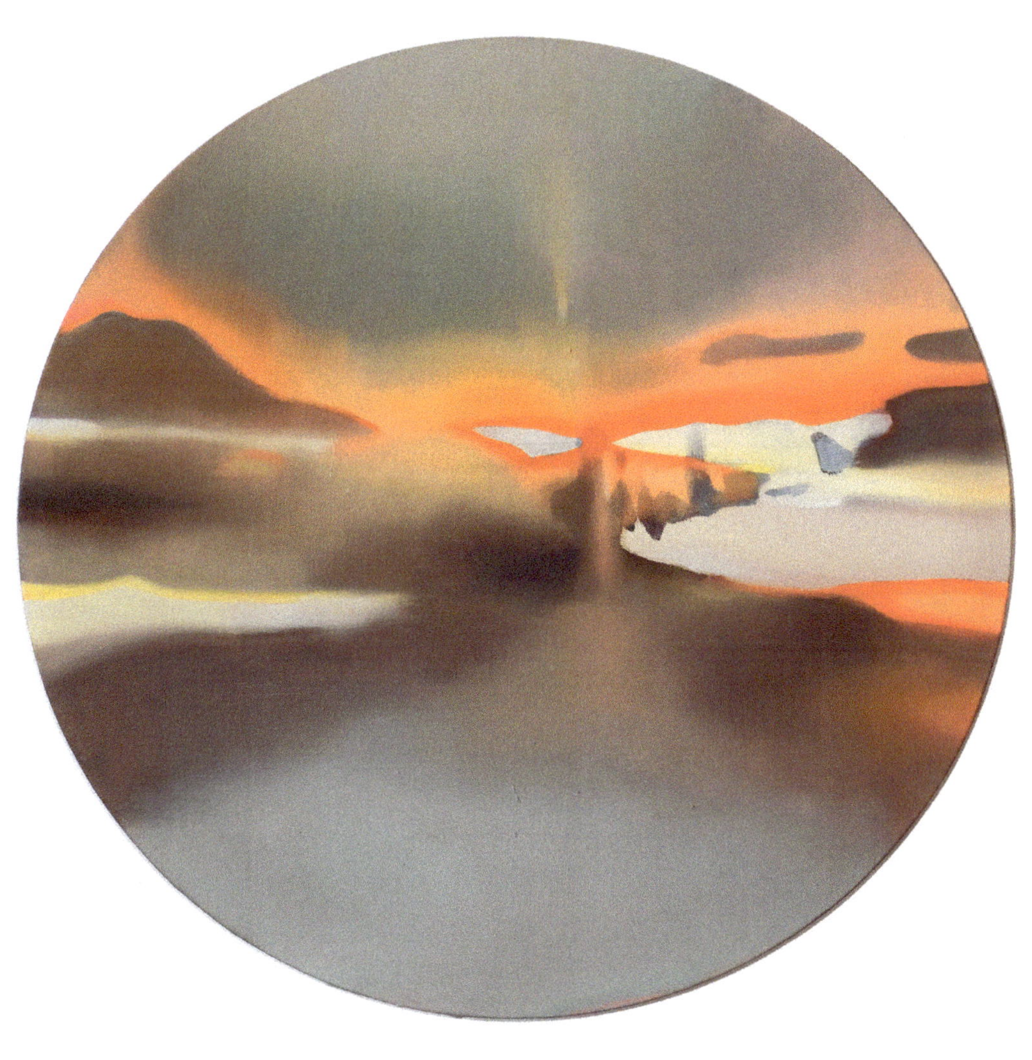

《第一次日出》　　布面油画　　直径　60cm　　2018

珍惜

哪怕我知道

你只是

偶然落下的一滴雨

我也会站在这里

站在黄昏树下

一直等你

无休止的宴席

无穷尽的四季

过多的修辞

过长的前戏

而我

只有你

风吹动我的裙摆

却吹不动我的发丝

凡被你触摸过的

都有印记

都被

永远珍惜

2016 年夏写于巴塞罗那

活着

移动一下指头

时间的灰尘

就被弹去

左脸浸泡在初春的阳光中

右脸沉睡在寒武纪

筹算还未成形

虚空

已经逼近

万物转身逃离

背叛了

我倾注的所有爱情

使我不得不

归向你

在枯干之前

你带我找到新水源

那是唯有透过你的眼睛

才能看到的

无边的绿

渐渐地

叹息在我口中

酿成了蜜

然而

总有一根刺

提醒我

即使在平静安舒的日子里

疼痛

仍是活着

最真实的凭据

可让我

常看见你

2019 年春写于巴塞罗那

一盘完美的棋

爱情是一盘

预先设计的棋

每一个棋子

都有它完美的位置

春夏秋冬

我们耐心经营

每一步

走得小心翼翼

如同日月星宿

在其轨道上

分秒不差地运行

井然有序

也许你我暗淡无光

乏善可陈

彼此守望制约着

就是最精彩的布局

在这严谨的自由中

我们可以

勇敢地深情 然后

从容地淡去……

2019 年春写于广州

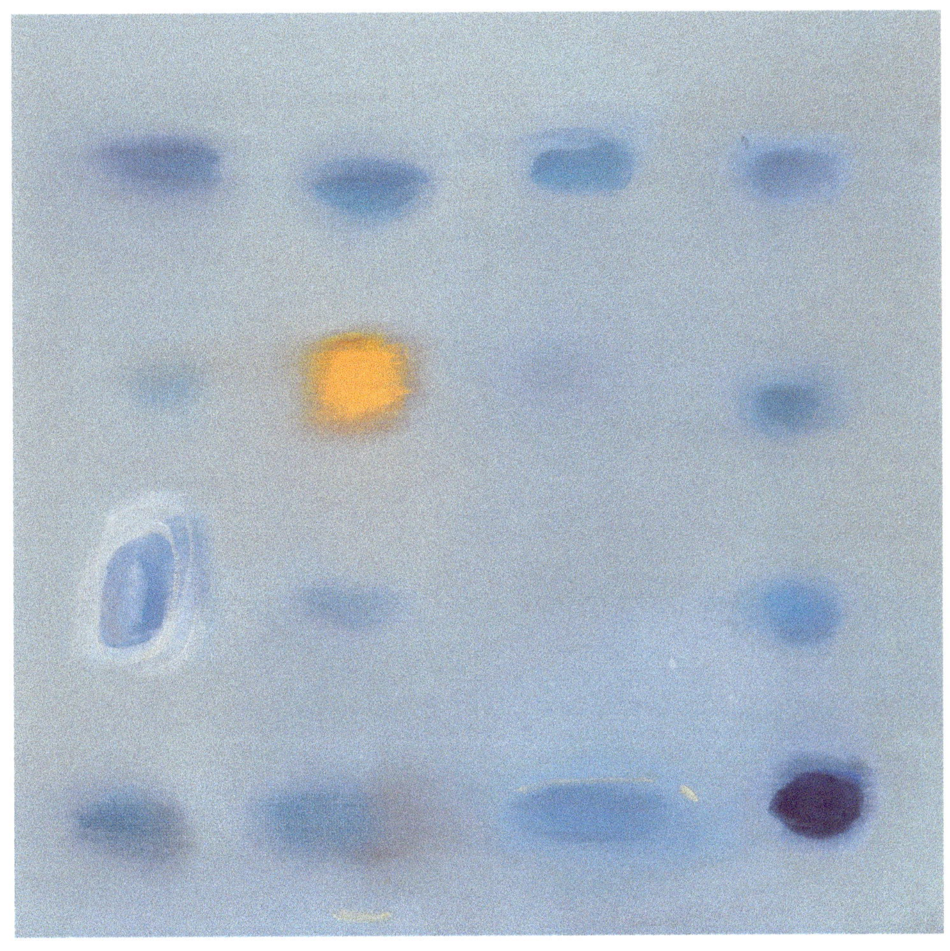

《蓝色琐事No.1》　　　布面油画　　　30/30 cm　　　2015

重返伊甸

回到起初

你为我造的园子

未曾流过眼泪的眼睛

看不懂这风景

那曾是你我分离的地方

毒蛇缠绕

每朵花的根

都通向疼痛的泉

如今我归来

头上戴着荣耀冠冕

其上的宝石

熠熠生辉

那是千百年间

无数忧伤懊悔的眼泪

在瓶中被你怀揣

蕴成珍宝

重新品尝树上的那果

滋味如此熟悉而陌生

如蜜浇灌

顿时内外明亮

眼睛再次被泪充盈

却看不见羞愧

只见溪水边的生命树

挺拔依旧

2019 年春写于巴塞罗那

伤

我如初啼的鸟
欣赏着
方才长出的羽翼

凉风却从肋间沁入
往日的伤口
忽然隐隐作痛
提醒我
黑夜曾经虐袭

黑暗中
我看不见黑暗
更无法察觉
何处受了损伤

一层层华丽的遮盖
浓妆艳抹
谁又能会在意里面
发酵的疼痛呢

如今你来唤醒万物
并催促我
赴你的筵席

我被你的美震慑
迫不及待地要跟你走
却觉得盛装下隐藏的那伤痕
使我如此介怀

你微笑着回转头
向我伸出手
我发现你手中
有着深深的伤口
透出光芒

你安全了

日头停留在正午

温度定格在初春

窗外的树从嫩绿到深绿

没有一片发黄要凋谢的叶子

你眼目所及之处

没有转动的影子

也没有

透不过光的墙

闻到

茶多酚的味道

手中紧握的拳头松了下来

你终于让体内的血

回到原位

眼中的红

此时不再是危险的信号

而是最安静的感动

你安全了

如同一粒尘埃

终于 飘落在

平静的湖

2017 年春写于巴塞罗那

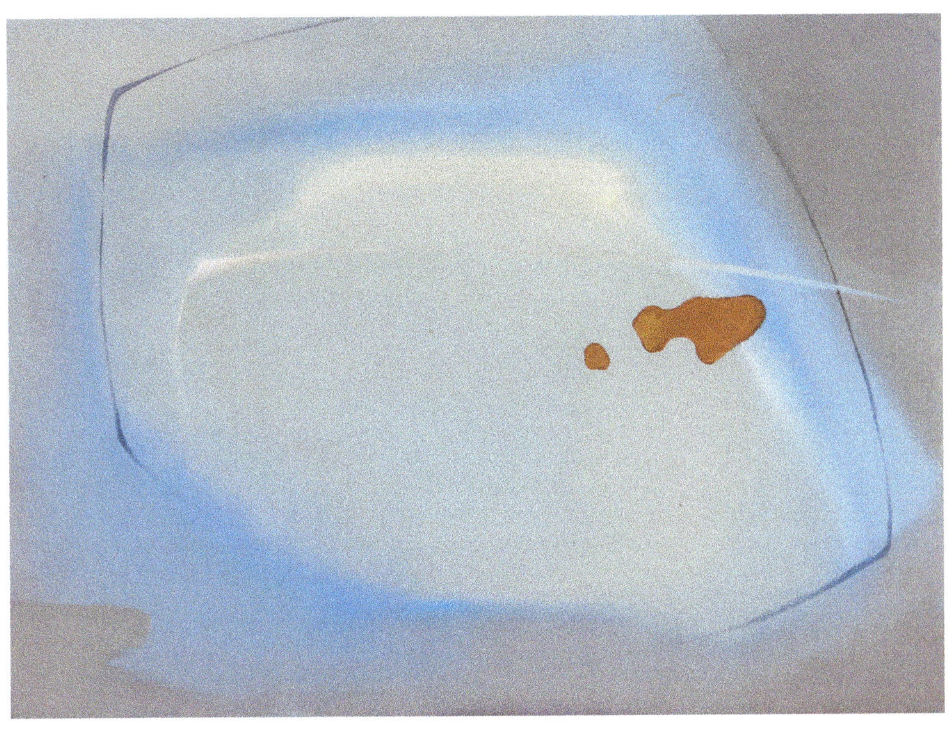

《言外之意No.5》　　布面油画　　32/23 cm　　2015

我喜欢诚实

却常常吐出谎言

我喜欢谦卑

却无法低下骄傲的头

我喜欢大海

却驻足于海边的沙砾

我喜欢飞鸟空中翱翔

却用笼子将它们拘禁

我喜欢阳光下绚丽的色彩

却总是戴着乌黑的墨镜

我的心离我很远

我喜欢的

原来是

无法实现的梦呓

2019 年冬写于巴塞罗那

我的身体应该是轻盈的

没有多余的脂肪

没有食物的残渍

洁净仿佛真空的矿泉水瓶

只听到血液畅快流淌的声音

应该

我的大脑应该如同一张白纸

没有凌乱的回忆

没有多余的知识

只被你在其上书写爱情

却不留下疑惑的痕迹

我的嘴唇应该如同清泉的源头

只吐出芬芳的甜水

被你亲吻

向你歌唱

向你诉说不绝的情意

我的眼睛应该如同钻石般明亮

看不到黑暗

看不到瑕疵

只看到一望无际的永远

只看到你

我的耳朵应该如同初生的母鹿

听不到谎言

听不到咒诅

只听到风温柔呼唤

你的名字

我应该住在狮子的洞中

与老虎为友

坐在鳄鱼的背上

和熊嬉戏

我应该身穿百合花

以朝露为装饰

熟悉每棵树的年龄

记住每片云的名字

这些

是我原本应有的美丽

也是我

被造的目的

2017 年夏写于巴塞罗那

初恋

又见到你

熟悉的羞涩

在心中燃起一团

洁白的火

不敢抬头

因为知道你的眼光会再一次

刺入我的心

你的指头纹丝不动

但却会

把我的骨头

一根一根

卸下来

彻底揉碎

然后

折成一朵花

这一切的全过程

我演习了无数遍

每一次都很痛

每一次都甘心情愿

面对你的温柔

我没有防御能力

你向我吹气

我便

徐徐升起

2017 年夏写于巴塞罗那

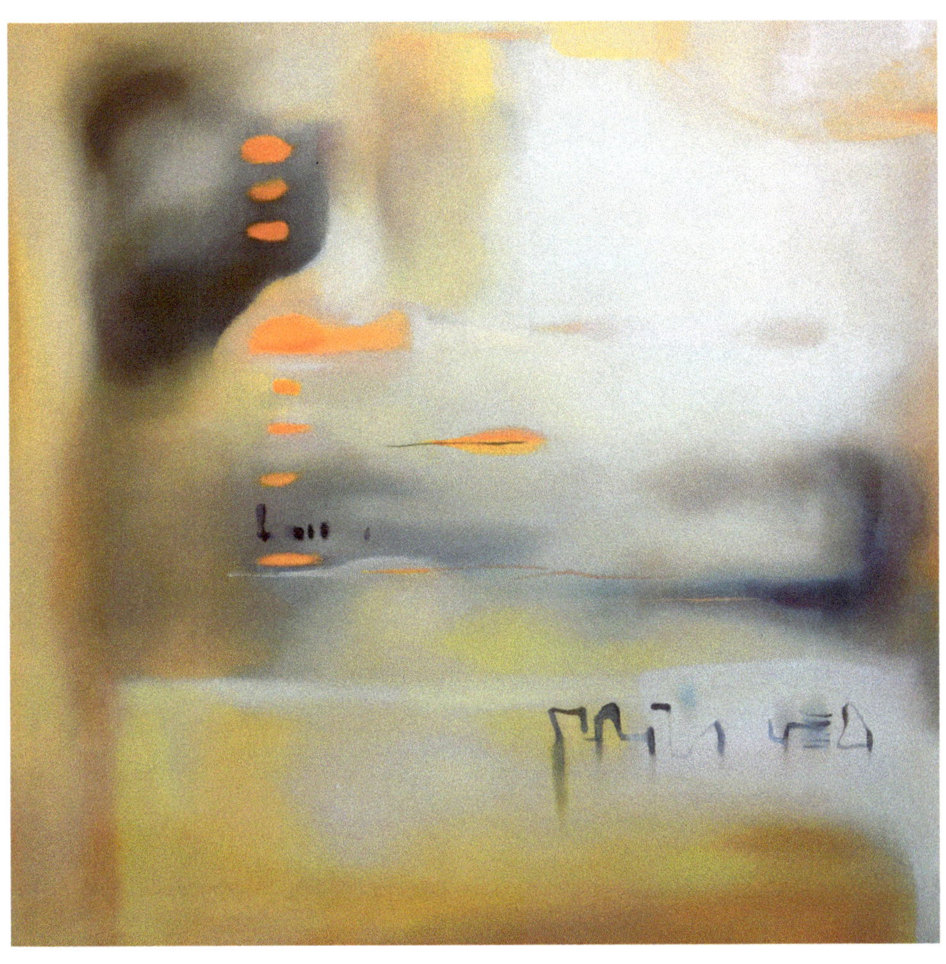

《情书》　　布面油画　　100/100 cm　　2015

反常

腰板硬了

敌人少了

拧巴的日子

也过去了

是时候

可以安静地坐下

享受夕阳中

一袭花香

一盏清茶

感叹

那该打的仗

已经打完

巴塞罗那的气候

总是太完美

任何抱怨

都成了反常

我在和风中漫步

觉得一切

理所当然

然而

有一场灾难

正在秘密酝酿

以"正常"的名义

颠覆者

你我眼中的

鸟语花香

2019 年冬写于巴塞罗那

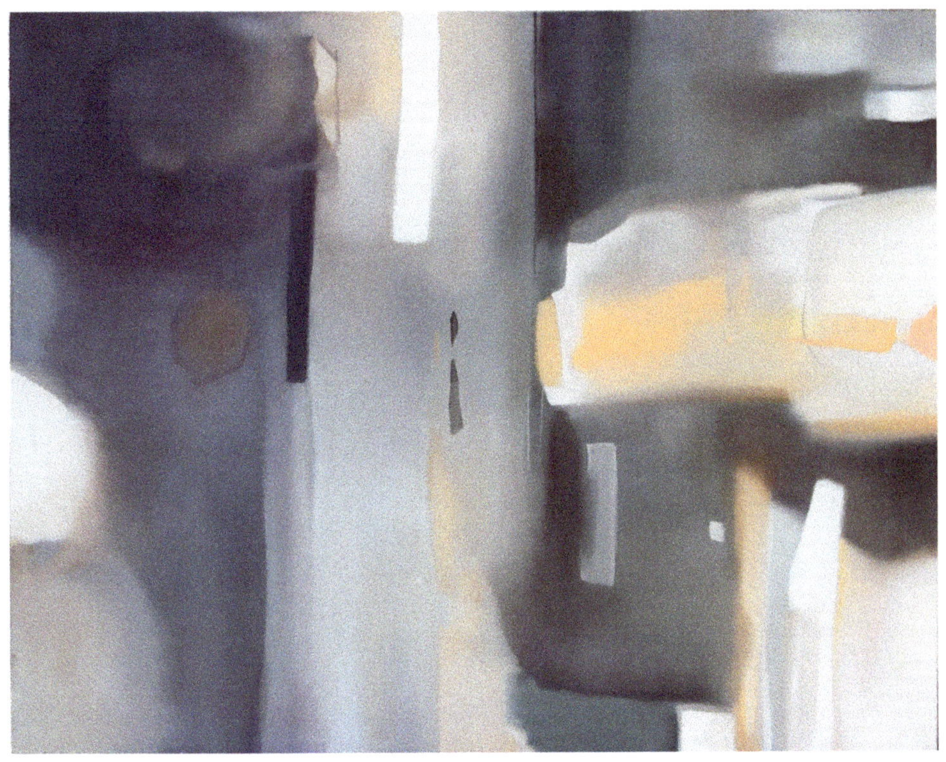

《未曾命名的情绪》　　　布面油画　　　100/81 cm　　　2016

你惊醒的时候

以为自己还是

那个被醉酒的父亲怒斥的

八岁小男孩

没有伤口的痛

牵制着你的每一根神经

连呼吸

都需要努力

谁可给你一个坚实的拥抱

擦去你背上的冷汗

已逝的父亲已经变成灰烬

撒在雪山顶

所有的恐惧也已经

没有对象

可是黑夜依然

如此真实

噩梦

2019 年秋写于巴塞罗那

伪善

在庄严而慈悲的眼神中

隐藏着一丝

凌乱的冲动

那是对祭物的

本能反应

你熟练

高贵的谎言

轻而易举地捕获

每一个试图窥探命运的人

把他们引到隐秘的园中

喝有毒的杯

密云中

你穿着绣金色花纹的

白色真丝长袍

如寄生虫般

行走于未经割礼的朝拜者之间

用不容置疑的眼泪

表演着一场又一场

古老的禁忌

沾血的手

无法在洗浊盆中洁净

发上的香膏

掩盖不住腥臭的钱囊

口中的祝福

是咒诅的网罗

凡靠近你的

必如天际

陨落的星

落在你脚前的吻

使你升至云端

可以俯瞰众生

甚至对婴儿

滔滔不绝

谈论着

伟大的继承

2018 年冬写于巴塞罗那

这里只有阳光

阳光下只有海

海边只有沙滩

沙滩上只有人

人的眼中

只有爱情

而你

正在寻找什么？

从一个城市到另一个城市

从一座山到另一座山

从一个海到另一个海

你心中的不满足

变成脸上玩世不恭的微笑

信用卡如同取之不尽的阳光

但阳光太多你想逃

你知道沙丁鱼的渺小

也知道盐的廉价

但你却永远无法品尝

这份只属于

渔民与吉普赛人的佳肴

你在寻找什么？

跳舞的时候

你的手总是插着口袋

因为你没有太多的时间

可以挥霍

你用从容与优雅

掩盖着里面灼热的煎熬

但你正在寻找什么

你可知道？

2013 年夏写于巴塞罗那

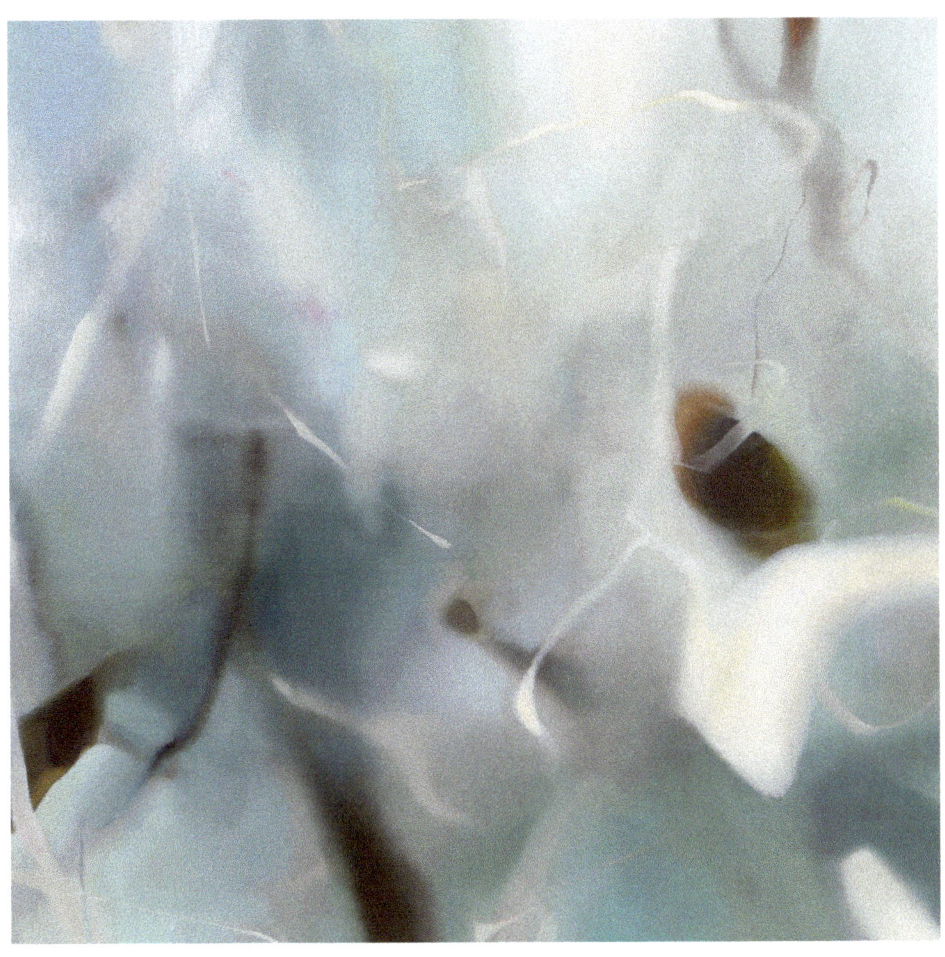

《尘埃落定》　　　布面油画　　　100/100 cm　　　2013

交换

你呼吸这世界的腐朽臭气

却吐出芬芳的真理

你被藐视厌弃

却将贵重的珍宝交在我手里

你给我智慧聪明

却允许我将你怀疑

你承受着刺骨之痛

却叫我在你里面得享安息

你为我付清了所有的债

却叫我奉献给你

2020 年春写于广州

《一课有故事的树》　　纸本综合材料　　39.2/27 cm　　2019　▶

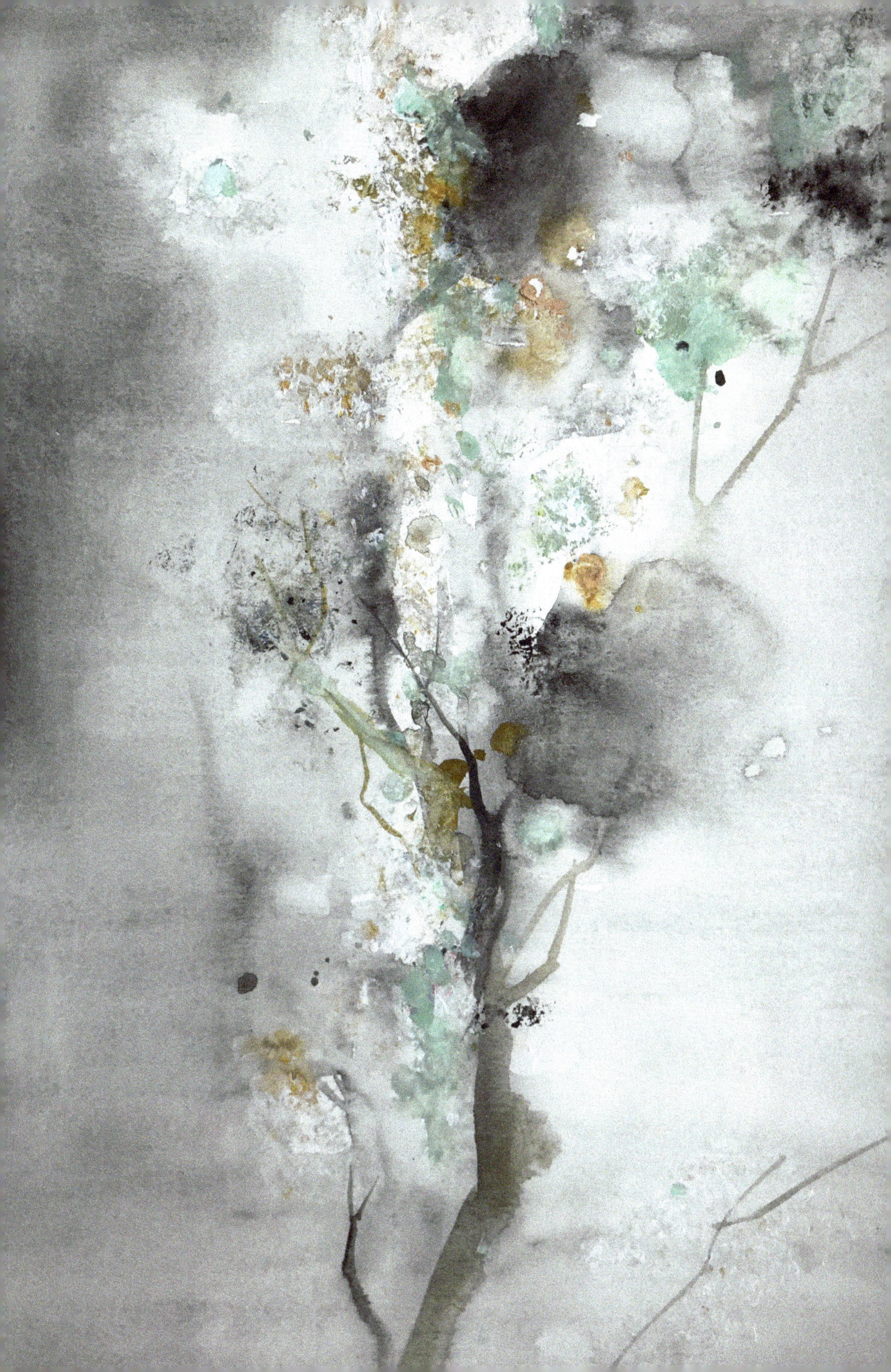

那不是

雨变成云云变成雨的

周而复始

也不是

烟花灿烂燃烧后的

寂静空虚

更不是

明明看见却已经消失了的星宿般

遥不可及

不

那什么都不是

词语无法定义

身体无法经历

那个世界

很近

很真实

真实得无从谈起

以、后

但我却在葡萄酒的倒影中

看到了些许

在烤全羊滴下的脂油中

闻到了些许

在风和百合花的对话中

听到了些许

这时

恰好有一只蝴蝶

破蛹

飞去

2017 年夏写于巴塞罗那

换心

在人看来

我荣美昌盛

如同夏季的宫殿

而你知道

我不过是一座

苍凉的坟墓

蒙灰的帕子

遮盖着千疮百孔的心

掩藏不了的是羞辱

如化石般固执

而脆弱

我已将自己弃绝

而你

却未曾远离

因我骨中

存放你洁白的承诺

清晨

牧羊人推开栏栅

群羊脖子上的铃铛响起

野地的花苏醒

也与你一起

轻轻吟唱

是时候了

坟墓门口的石头

被你挪开

你呼喊我的名

有血 和泪

浇奠其上

心又恢复跳动

如同新生

原来

隔世的等待

只为如今

2018 年春写于巴塞罗那

抽象

绝望中

将现实撕碎

却发现了

另一种真实

光无声无息地

将心剖开

解开千年不解之惑

创世之初所投射的图景

以抽象的名义

重现在画布之上

2016 年冬写于巴塞罗那

《母语No.4》　　布面油画　　25/25cm　　2015

潜伏着的恐惧

像这个城市的下水道

隐藏在繁华与喧闹中

被人忽视

一句犀利的话

撕裂表面的平静

花香被腐烂的气息掩盖

随着高跟鞋的回响

渐渐远去

未被安慰过的蚂蚁

在十字路口失散

那是他们

最后一次的迁徙

太阳依然善良

按时升起

虽然合约的右下方

上帝的签名

已经抹去

幸存者

绿色在风景中

已失去意义

闭上眼

荒凉　成为现实

如果还有谁是幸存者

那就是电脑中

未被储存的

记忆

2017 年秋写于巴塞罗那

《言外之意No.1》　　　布面油画　　25/25 cm　　2015

冬天属于春天

冬天属于春天

我属于你

九死一生的幸福

取代了骄傲

走在你走过的路上

我愿意是后者

你留下的芬芳我轻轻拾起

风吹过的时候

我为你梳理当年的梦

寒冷一直在身体以外

你的吻像一把利剑

斩断我

从母胎带来的忧郁

从此

血液直接与大海相连

命运如野草般广阔

向爱妥协

是我一生的荣耀

2015 年春写于巴塞罗那

别样的幸福

是仙境

还是陷阱

没有画外音

难以辨别

我用一尘不染的手指

顺着古老的藤蔓

往上攀爬

被战火焚烧过的墙垣顶部

有一个被绿叶覆盖的瞭望台

这里的光很特别

仿佛时间凝固

血液倒流

回到八千年前

举目眺望

试图赋予这风景

饱满的意义

如同摩西

用眼睛丈量

那永不可进入的迦南

他可以忘记

埃及王宫里的华美

和旷野羊群中的孤清

然而

直到年老

眼睛仍未昏花

他依然看到

天上

流奶与蜜的家园

目睹一个

不在场的愿景

的确是

别样的幸福

2019 年春写于巴塞罗那

女人

你

像花粉一样轻盈

寻不到踪迹

却无处不可及

舌头如火车穿过桃花林

带着水

带着食物

带着温柔的刻薄

琐碎的牵挂

你的家中没有冬天

每一件家具

都被眼泪擦亮

发丝落在木色地板上

又被轻轻拾起

不动声色的爱情

随着耳环

在颈边摇摇晃晃

回应着天上

悄悄变圆的月亮

文火炖着的浓汤

还未加盐

你已将疼痛

绣成

桌布上

一朵优雅的兰花

2010 年秋写于巴塞罗那

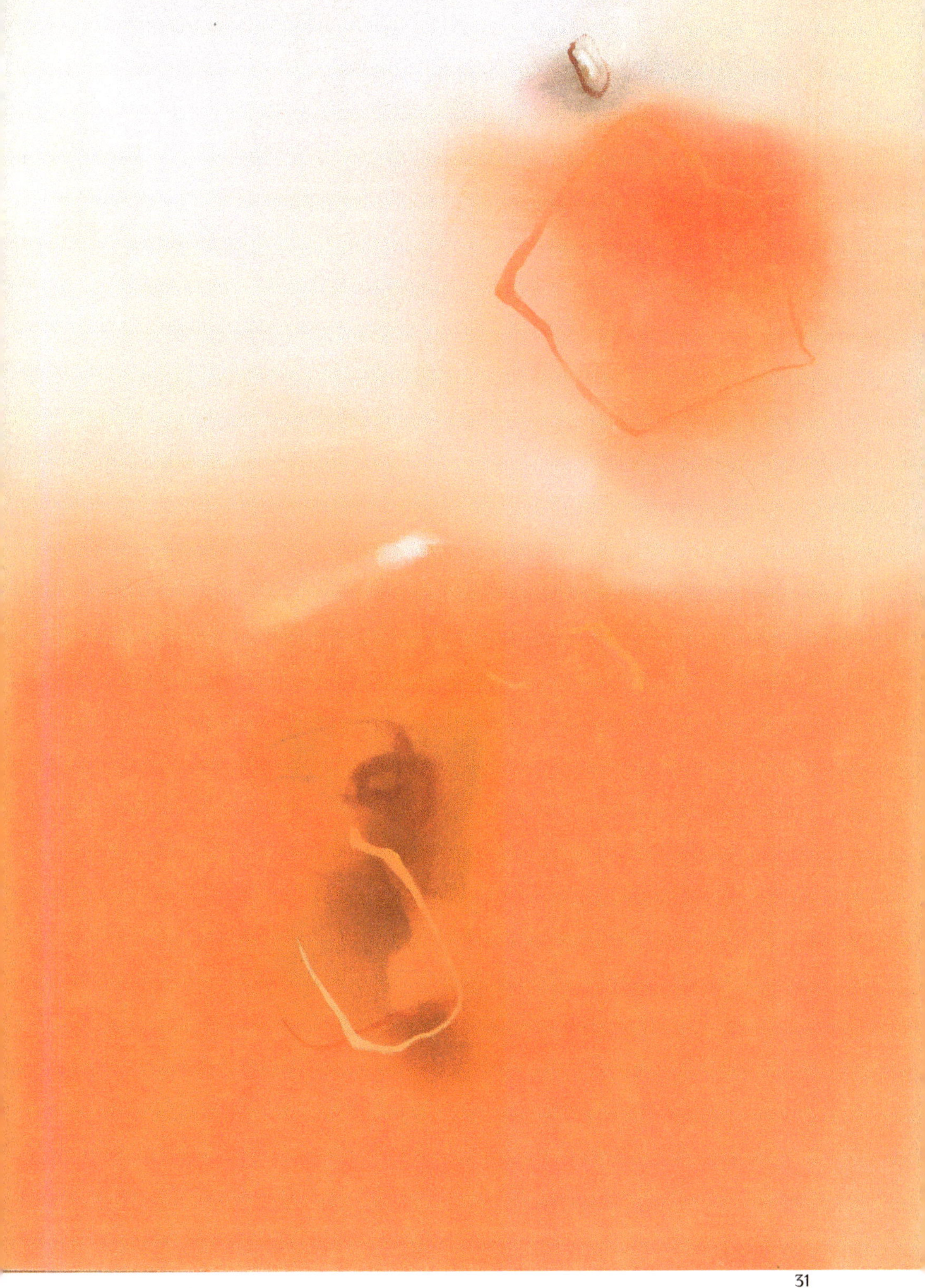

《两种欲望》　　布面油画　　40/30 cm　　2014

完美缺陷

海水退去

无人的沙滩

被秋正的日头暴晒着

正如我一片空白

东张西望

忽然

海鸥的鸣叫

划破长空

我看到了一种痕迹

也许是

命中注定的

对荒芜的不满

是叹息所不能填补的

完美缺陷

你和我

此时

正隔着万年鸿沟

我让你的手

重新按在我的肩上

如同所罗门

躺卧在

香柏木的宫殿

日复一日

畅饮于

哀歌中的盛筵

2017 年写于巴塞罗那

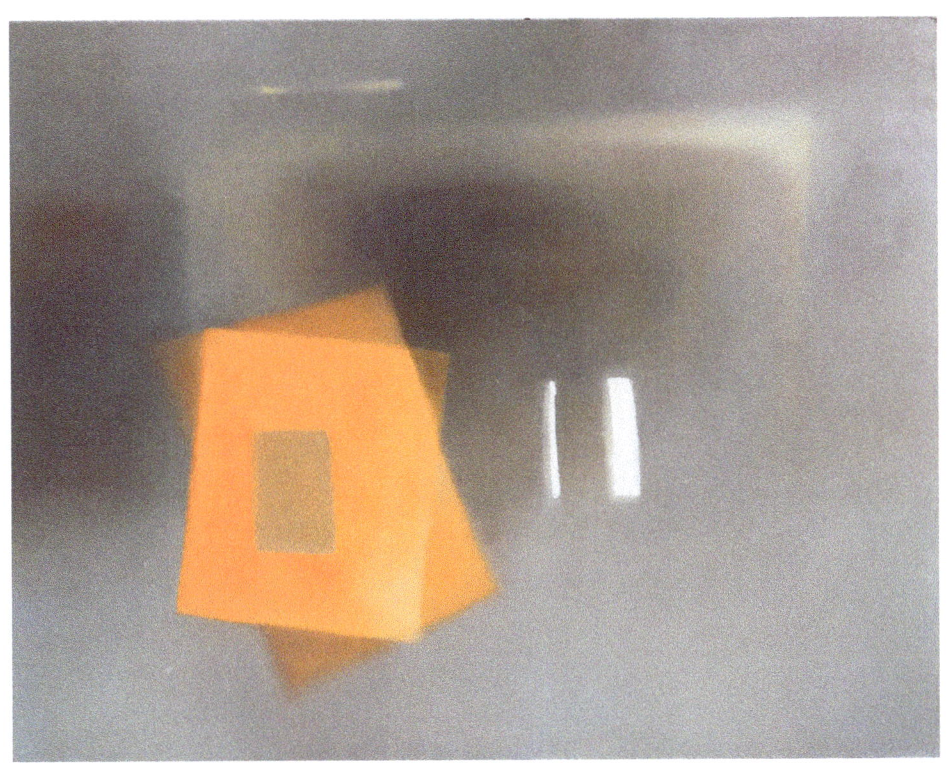

《可疑的标准》　　　布面油画　　　100/80 cm　　　2016

你
住
的
地
方
太
远

你住的地方太远

我一直没去

那里夏季很短

冬天很长

房子和房子之间

是宽宽的篱笆和荆棘

你园中的玫瑰

应该已经过了开得最美的季节

蜗牛应该已经吃尽了你种的瓜果

包括可怜的草莓和覆盆子

你对孩子的吆喝也许已经变成儿歌

你丈夫随处乱扔的袜子

也许已经成为小狗

日常的玩具

你住的地方太远

我一直没去

2013 年春写于巴塞罗那

那一天

你步入我的废墟

绝非偶然

乃是定意

我慌忙寻找

试图献上仅存的素祭

可是发现的

只有更大的贫瘠

正当我无地自容

为自己的荒凉哭泣

你却蹲下

捡起一颗最不起眼的石子

拭去灰尘

捧在手里

如同找到珍宝

眼中充满了惊喜

说

这将是

最美的奇迹

废墟

2017 年冬写于巴塞罗那

光中之城

白色的细麻衬衣

柔和地

将我包裹

这是一个可以倾听的清晨

你的声音极其细微

藏在血液里

向我说话

向我唱歌

仿佛看到两千年前

你在井旁

给我喝的那瓢清水

倒映着天上洁白的云

你说

"喝了我的水　将永远不渴"

我小心地

捧起这瓢水

捧起天上的云

捧起这座

被雨洗净的光中的城

那是我

将要进入的荣耀

2018 年秋写于巴塞罗那

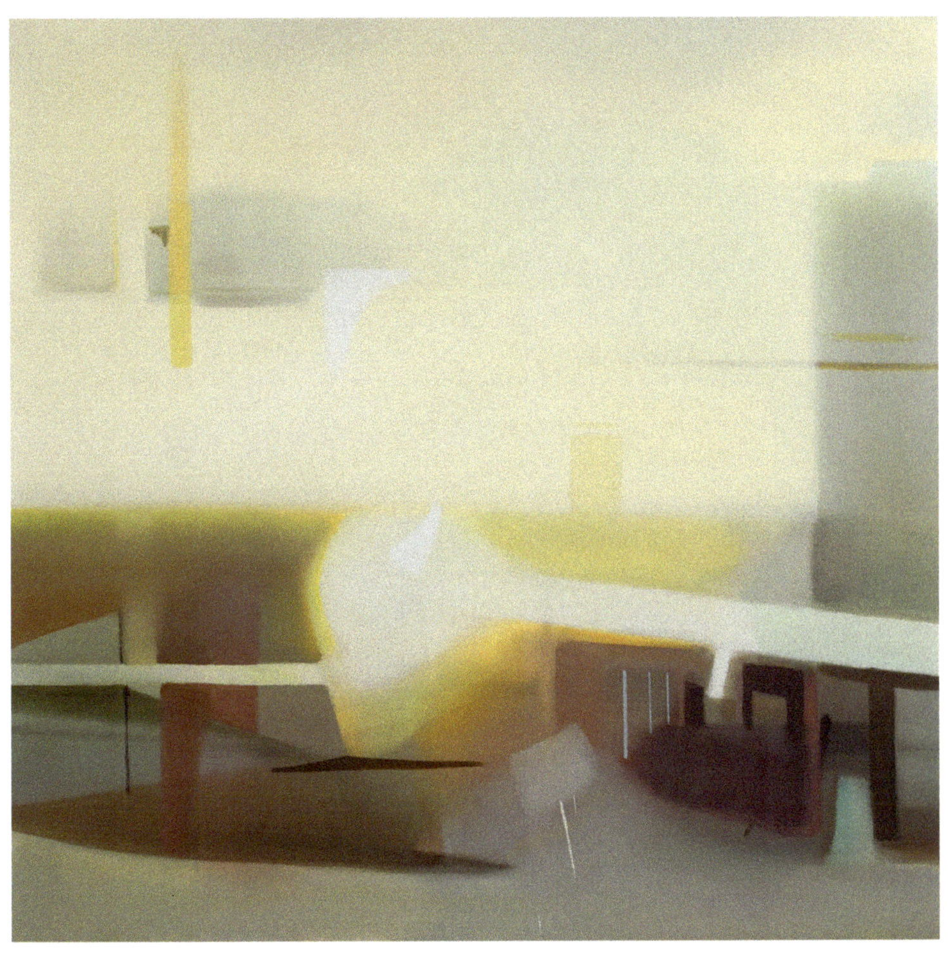

《光中之城》　　　布面油画　　　100/oo cm　　　2009

琥珀

亿万年前

无人经过的一棵树

落下无人记念的一滴泪

却被后人拾起

视为珍宝

如今

我为你发出的叹息

又何须马上被风谱成曲

被鸟高声吟唱？

无论多少年日

我可以等

因为

等候使我成为

你囊中

最珍贵的

宝物

2018 年秋写于巴塞罗那

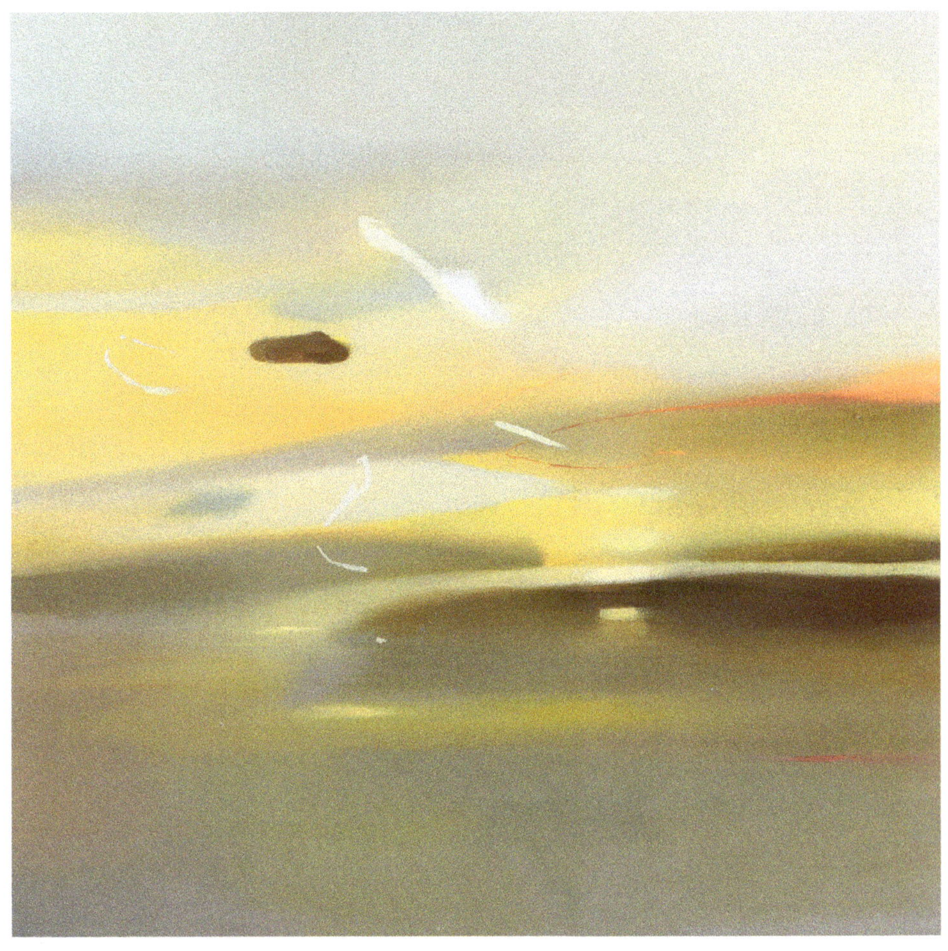

《归于尘土》　　布面油画　　40/40 cm　　2012

离席

当我的真丝裙摆

刚刚沾上花粉

抖动的翎毛

散落香气

一切按照想象中的完美

闪亮登场

你却站起来

无声离开

抛下冷漠的背影

我故作镇定

面带微笑

试图克制失落的情绪

继续沉醉在歌声中

尽情绽放

然而

你的离席

使我耿耿于怀

更甚于

你的到来

2020 年冬写于广州

我离开了

蜗居的家

离开了熟悉的繁华

向荒漠走去

荒漠里什么都没有

只有你

和你的应许

每一步都不知方向

每一步都很难

所以

只能紧紧靠着你

一刻不敢离开

我满心相信

你会把我带到水源

带到绿洲

带到传说中的

流奶与蜜之地

然而

包围我的

却是令人窒息的

更深的荒凉

家

直到

我带着绝望

回头看你

却惊喜地在你的眼中

看到了水源

看到了绿洲

看到了传说中的

流奶与蜜之地

于是我迫不及待地

在你里面支搭起帐篷

生怕留不住这美好

你坚定的微笑却让我知道

我所寻找的

永远的家

就是你

2017 年秋写于巴塞罗那

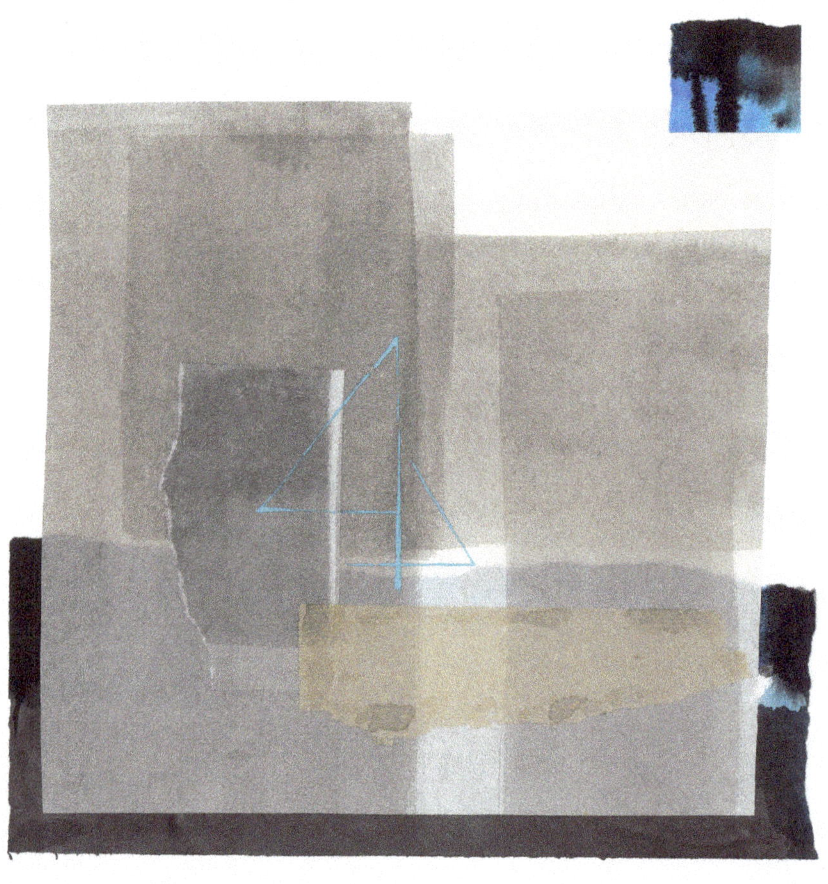

《窗外的那片海No.1》　　宣纸水墨拼贴　　50/50 cm　　2018

《窗外的那片海No.2》　　宣纸水墨拼贴　　50/50 cm　　2018

器皿

你的光

从我的裂痕发出

虽然破碎

我仍是你至爱的器皿

理所当然

盛满你的香气

被你捧在手中

揣在怀里

四处奔走

直到地极

成为

蒙爱的

证据

2016 年夏写于马约卡岛

你的温和使我为大

从日出到日落

四境荒芜

举起手

探入虚空

你的怜悯如将断的弦

发出凄美的颤音

始料未及

你以没药的香气

将我捕捉

我听不到过去

看不到自己

贴着你的胸膛

问你

我的名字

母鹿如何恋慕溪水

我也如此恋慕你

你让我奔跑

让我跳跃

让我随意飞翔

我却选择以跪下的双膝

丈量你为我存留的

自由之地

你如初秋的暖阳

将我融化

变成水

又变成你的气息

弥留在所有被造之中

一呼一吸

便是无极

2019 年秋写于巴塞罗那

沉默

很久很久

没有听闻你的声音了

以为这是

理所当然的

日常

还是那盏灯

安静地站在墙角

依然精美

却已经多年

没有发出亮光了

还是那片骸骨

如初躺在

海的最深处

被厚厚的沙覆盖

变成了无梦的化石

当黎明不再出现

无尽头的黑暗

忽然被窒息惊醒

才发现

原来沉默是你对我

最温柔的吼叫

2018 年冬写于巴塞罗那

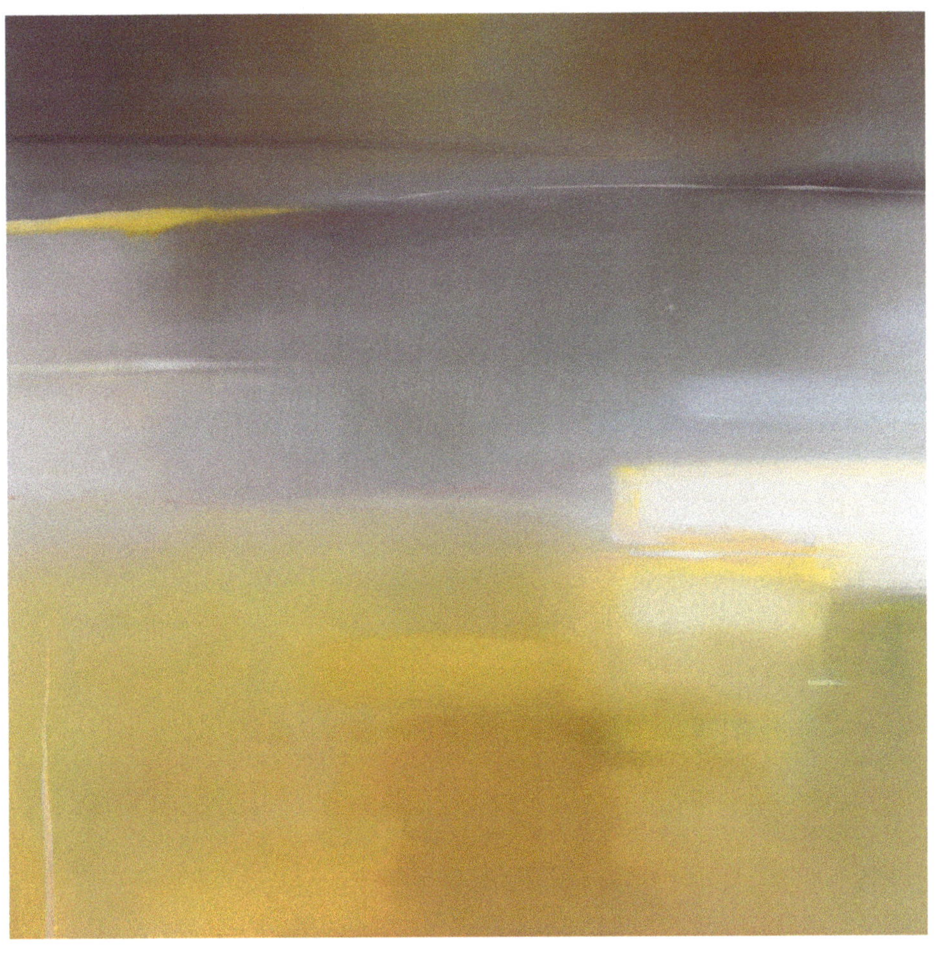

《完美距离》　　　布面油画　　　100/100 cm　　　2017

火山

这是一座

活火山

在我眼中

它是死的

你捡起一块

黑色的火山石

贪婪地抚摸着

说要带回家里

我的手放在你的肩上

你的肩很硬

比黑色的火山石

还要硬

你的痛苦忽然喷薄而出

如同灼热的岩浆

向周围

疯狂蔓延

我面不改色

脚上依然穿着

白色的鞋

试图堵住地的裂口

忽然有火从天而降

原来在地的上面

是裂开的

天

2014 年春写于巴塞罗那

我试图

在日光之下

寻找真相

如同一只莽撞的螃蟹

想在宴乐的餐桌上

寻找栖身之所

已逝的时间

在冷漠中露出

一丝诡诈

把我推向无底的深渊

告诉我那就是永恒

我苦笑

无法抗拒

当然我也可以

煞有介事地

筑起一个坛

把命运

描绘成

神秘的符号

让它背着虚空的叹息

烙在某块岩石上

接受膜拜

日光之上的智慧

然而

我藐视这种

未受割礼的敬虔

羽毛过重的鸟

终究疲倦地

飞向日落之处

我决定

不动声色地

回到原处

灰尘中

保持最初的卑微

如童女静候新郎般

耐心等待

日光之上的智慧

我相信

那是一场

未知而完美的

爱情

2019 年夏写于巴塞罗那

那时

动物还没有名字

我从土中苏醒

被呼唤

来到你的面前

赤身露体

没有羞耻

甚至没有自己

你就是我的全部

如同永不落叶的树

永远开花结果

那时

生命像水一样没有尽头

像光一样没有边际

完全透明

只折射出你

2017 年春写于广州

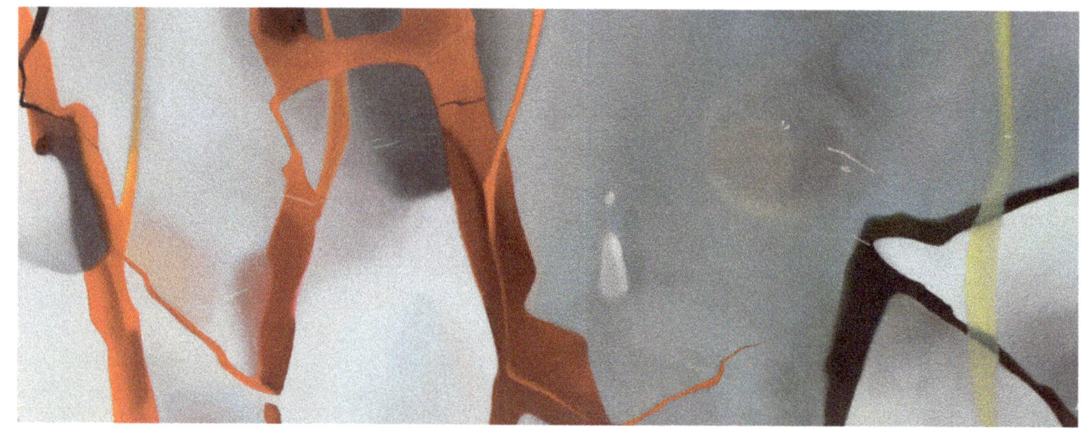

《时间的切片No.1》　　布面油画　　150/60 cm　　2014

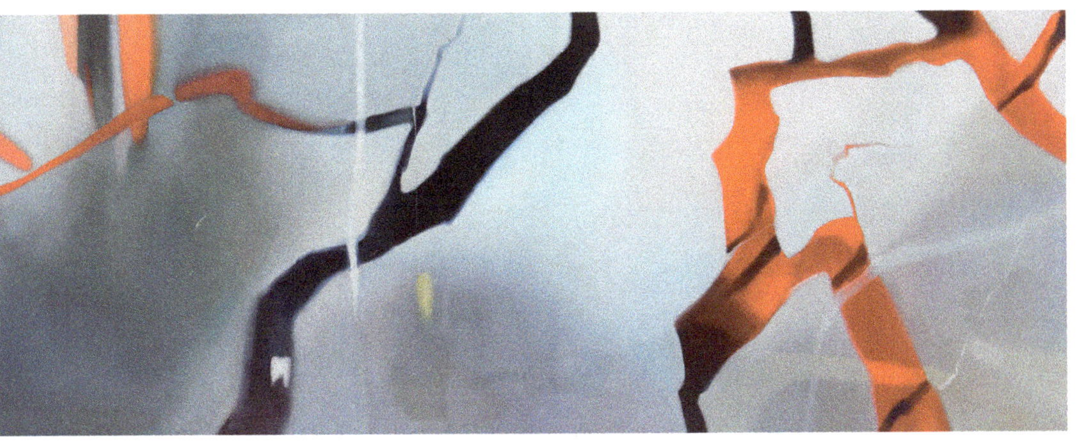

既然

春天不能如期而至

就让泡菜

在坛子里继续等待

既然鸟不归来

花也不开

就让

从未发生的爱情

封存在记忆里

如同

永不过期的

蜂蜜

**既
然**

2020 年春写于广州

从白昼到黑夜

你一如既往地静默

如同一面镜子

只有定睛观看你的人

才能看到自己

命运的真相

从异象到应许

就在那仰望的瞬间

仿佛看到穿了时间的墙

看穿了心和心的阻拦

如呼吸般自然地

与永恒连接

你一无所有

却包罗万象

包容了我的渺小

消化了我的污浊

你给我一望无际的自由

我甘愿轻盈地

伏在你手中

如同羽毛

至高的蓝

我们把你叫"天"

但还没有天以先

你已经存在

是你给了天

最美的 最高的 蓝

只有最洁净的水能映出这抹蓝

还有敞开的

无愧的

心

2018 年春写于广州

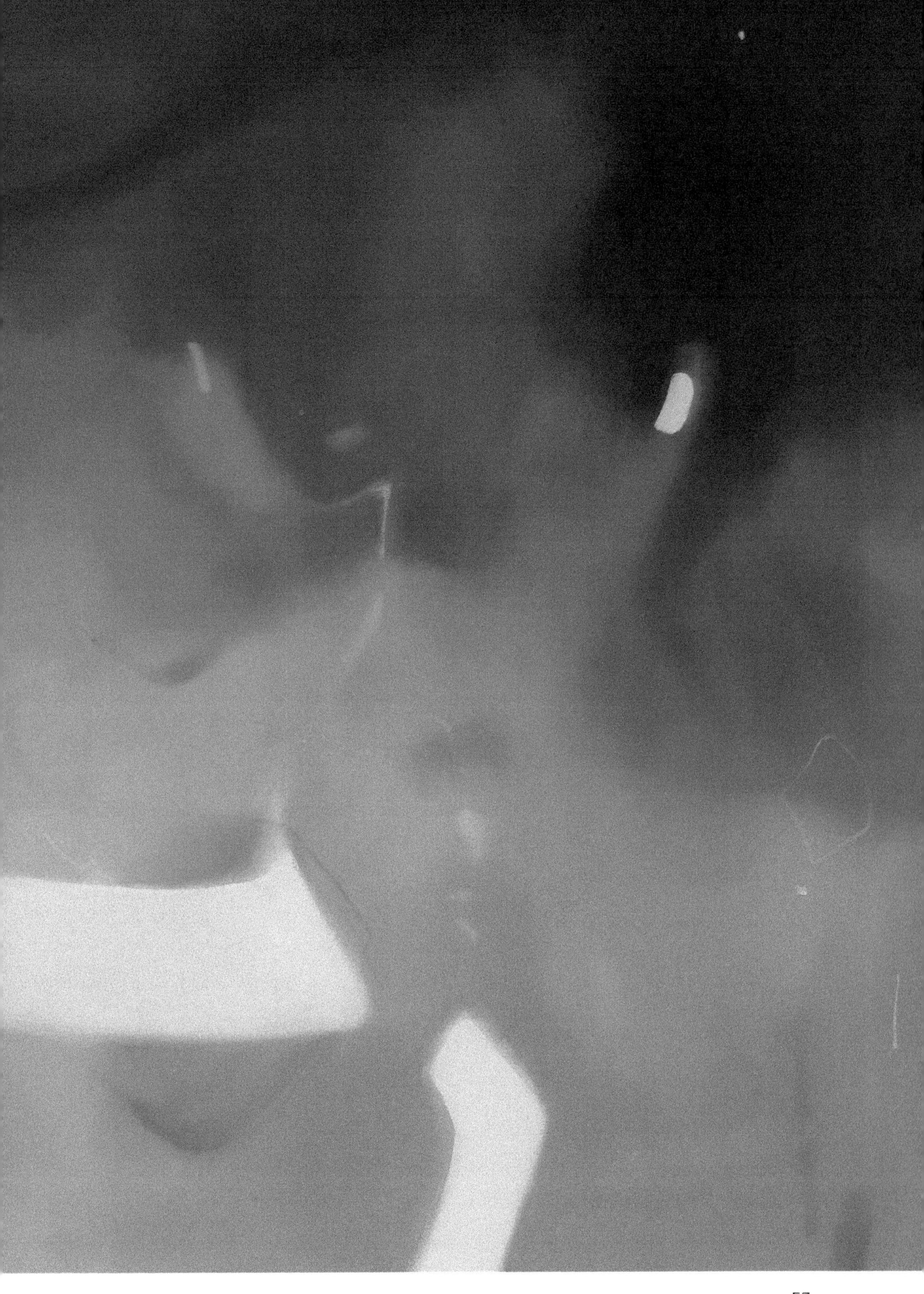

《蓝光N.1》　　布面油画　　100/80 cm　　2015

我不是现实的对手

现实

迫不及待地

撕下粉红色的口罩

露出冰冷的脸

锋利的牙齿

五千公里外的哀嚎

听不见

却如锥子般扎心

高声喇叭中

传来令人亢奋的消息

欢歌笑语

掩盖了

昨夜的哭泣

谁是无辜的

就可以高声怒吼

谁有智慧

就可以质疑

谁足够敏锐

可以不流一滴血

就知道刺刀的锋利

落下窗帘

必须承认

我不是现实的对手

无路进退

也无可反击

甚至

没有悲伤的权利

只能默默地

预备好灯里的油

即使黑夜永不过去

至少我还能

看得见你

2020 年春写于广州

这样就很好

这个夏天

结束得太早

我还没有在你的温柔中

浸泡足够

身上还穿着

你为我漂白过的细麻衣

发梢还在滴着

你精心调制的膏油

你催促我说

庄稼熟了

我快跑跟随

在田间

与你一同收割

在树下

摘取第一批无花果

在酒窖中

酿制第一批新酒

你向我数算着

你的羊群

叫出它们

每一只的名字

草料在仓中

预备充裕

我想为你唱首歌

但初秋的日头

这样合宜地照着我

似乎不需要

加添任何气氛

这样就很好

2018 年秋写于巴塞罗那

明明距离很远

我却选择步行

仿佛没有交通工具

仿佛回到

柔软的开始

不需要快

我就是伏在地面的小虫

缓慢移动

上帝只给我这样的身体

身体只给我这样的力量

这力量只能步行

慢慢地看

慢慢地记住

那些美好的细节

每张逆光的脸

在风景中

隐藏的泪迹

我必须感觉疲惫

必须停下休息

必须依靠星辰计算时间

必须把目标定在

日落前

能到的距离

行囊中没有多余的筹码

只有今日的饮食

从天而降的吗那

总不缺乏

也没有多余

边走边唱

在歌中

咀嚼你的应许

在黑夜

唱出黎明

无论我走得再慢

总有你

在我右后方

我享受你的不离不弃

享受你常在耳边说：

"这是正路，要走在其上"

选择步行

虽然不用努力

就能完全得着你

我仍要保持最好看的姿势

用脚步丈量

你无限广阔的爱情

不耽延

因为路还很长

不匆忙

因为这路太短

以至于

我只能选择

每天步行

2018 年春写于巴塞罗那

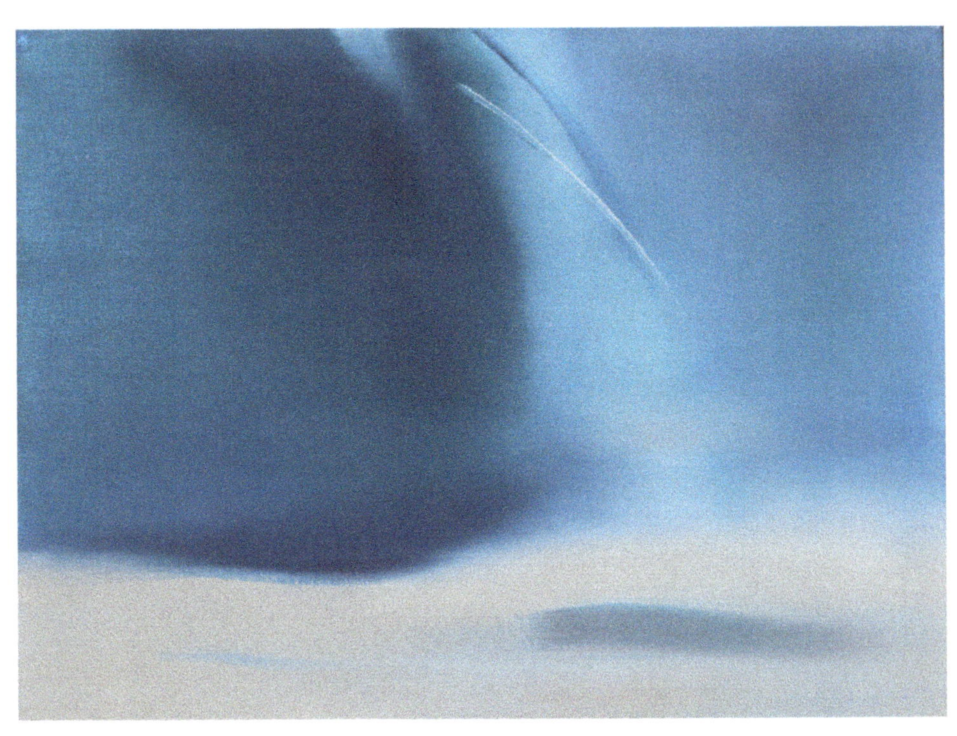

《缓》　　布面油画　　40/30 cm　　2017

自由王国

我被困在

自由的王国里

找不到出路

这里每一棵草

都没有忧虑

看不到落叶

也找不到尸体

四季更换

从未留下痕迹

我是国中

唯一的主人

也是唯一的奴隶

唯一的表演者

饰演着

唯一的观众

我的食物是光

排泄物

是诗

2019 年冬写于巴塞罗那

窗外码头

海鸥正在欢腾雀跃着

扑向归来的渔船

我把窗户关上

打开冰箱

里面

没有鱼

冲泡多次的茶

早已失去了味道

我想学一种新语言

认识新的植物

用新的月历

数算日子

缺乏

但是

至始至终

有一个真实的空洞

占据我心

让一切闯进来的

都失去意义

日落之前

果断拒绝夜的邀请

因为依然相信

能够将我填满的

只有你

2019 年春写于巴塞罗那

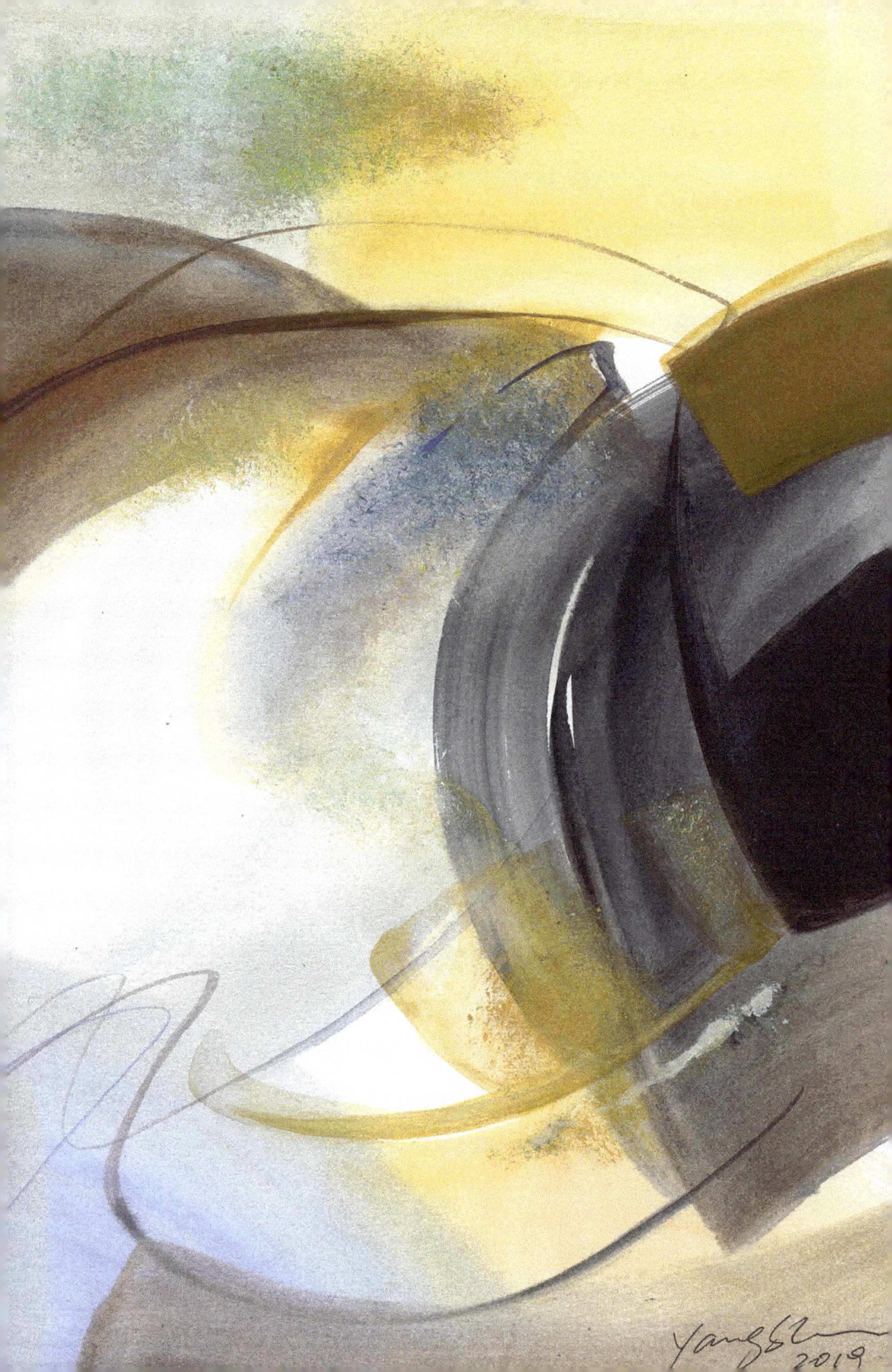

看不到玫瑰

却闻到了玫瑰的香气

看不见你

却被你的温柔包裹

无论是

心不在焉的早晨

或是

郁郁寡欢的黄昏

你总能

用指尖

轻轻拨动

我心中的弦

即使我已经脱去鞋子

躺下休息

你仍可以轻声将我唤醒

牵着我的手

带我去看园子里

那测不透的丰富

明天将要绽放的美丽应许

又叫我抬头数算

镶在天上的

远古承诺

一天又一天

一年复一年

在你那测不透的丰富中

我已经

习惯了惊喜

习惯了被感动袭击

习惯了让从未品尝过的甜蜜

从眼睛滴到嘴唇

再滴到

心底

2019 年春写于巴塞罗那

蓝图

终于拿到了

你为我设计的蓝图

独一无二

却没有意料中的惊喜

过厚的墙

过少的装饰

还有埋在地下不可见的

过深的地基

这是一个简单朴素的设计

却要费时费力

用的不是黎巴嫩的香柏木

不是西顿的金子

是一块块

未经人手雕琢的

刚硬石头

上面要浇满

馨香的膏油

鲜红的血滴

每个窗户

都朝着耶路撒冷

每一扇门

都用同一把钥匙

长长的回廊

围绕着庭院中间的活水井

这是坐落在

极佳美之处的产业

永不结束的工程

你来设计

你来建造

而居住其中的

也是你

2019 年冬写于巴塞罗那

《磁场》　纸本综合材料　39.2/27 cm　2020 ▶

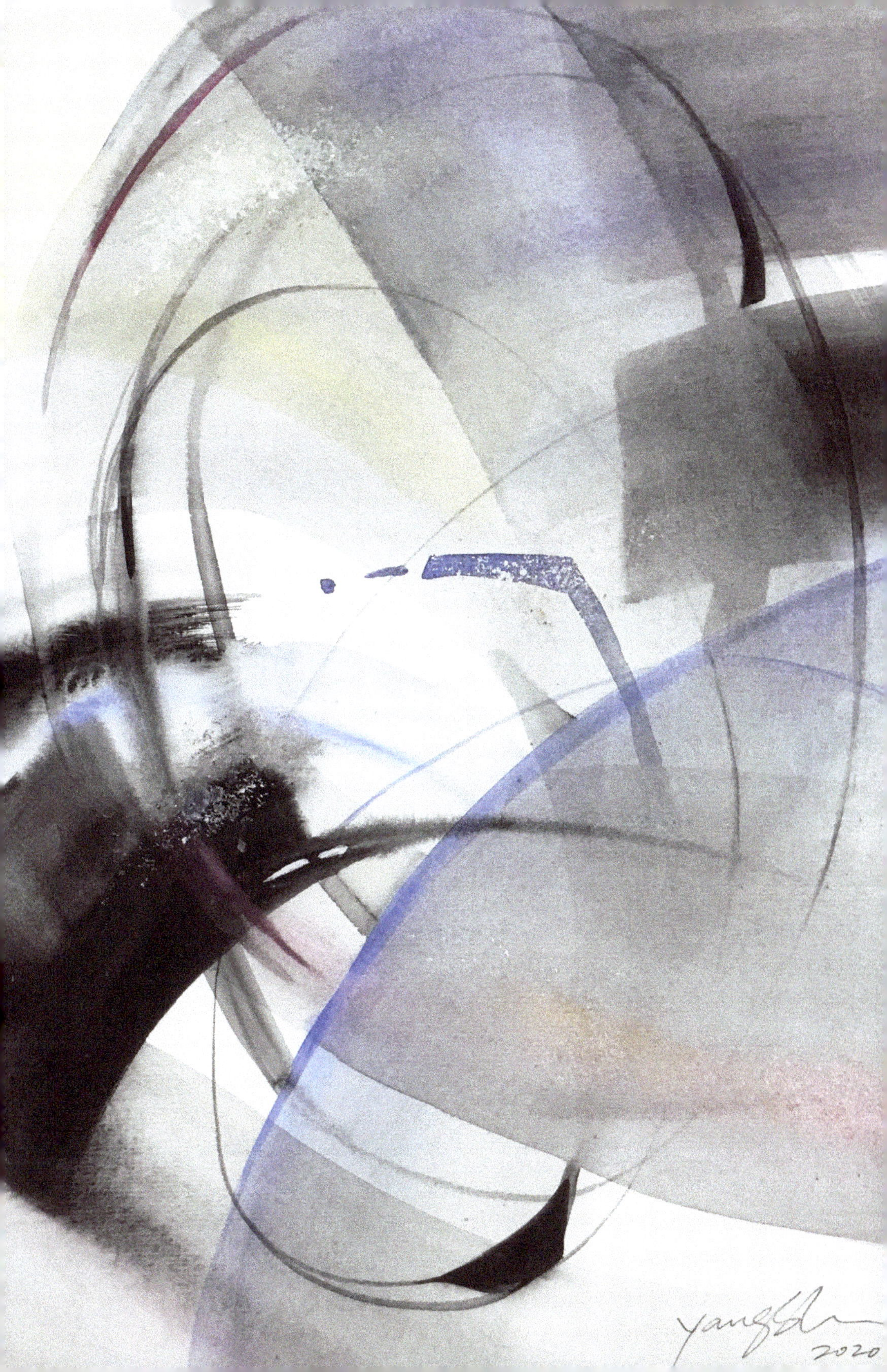

2020

透明

我是透明的

这样　你的光

就能不打折扣地

照射进来

我没有自己的颜色

我的颜色就是你

处女眼中的泪

无毒　无味

我的院子没有篱笆

房子没有墙

你可以自由出入

随时将我完全占领

透明使我如此广阔

如同天的厚度

容得下一切

未曾想象的可能

不带忧伤的轮廓

没有阴影

这是我为了承载你的爱

所预备的器皿

2019 年春写于巴塞罗那

梳子

你在背囊里

掏了很久

终于

掏出一把牛角梳子

递给我 说

不好意思

用过的

给你留个纪念吧

这把普通的梳子

梳过你的头发

那曾经很长

现在很短

一夜之间变成花白的

头发

头发剪了

还会长长

爱的人走了

就不回来了

你强迫自己想念

因为如果不再想念

你会内疚

你要在每口酒中

兑上微咸的泪

告诉所有带着微笑走近你的人

你是那死去的人的

母亲

悲伤是你

独享的权力

我握着这把梳子

想象你在镜中

不再年轻的美丽

那些伤害过你的男人

如今都如同

轻轻落地的

发丝

我为你写了一首歌

想安慰你

但你离开了

从此杳无音信

于是我把那首歌

唱给自己

2013 年春夏于巴塞罗那

聪
明
的
人

日头把云融化

只剩下一望无际的蓝

聪明的人

却能在无云的天中看到你

在被百种花香覆盖的园子里

聪明的人

却总能闻到

你曾留下的轻轻叹息

在夏天

万物纵情茂盛的时候

聪明的人

会预备柴火

会预备灯

以及灯里的油

因为知道冬天你要来

带来羔羊

滴下没药

那时候

雪会融化

水　会变成酒

2018 年夏写于巴塞罗那

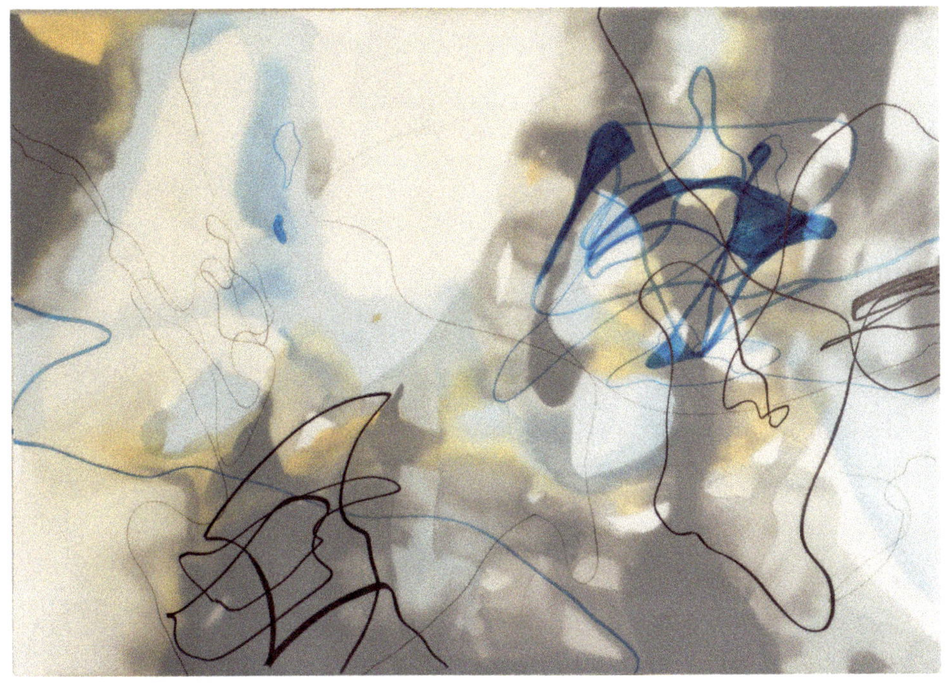

《在地如在天No.3》　　纸本综合材料　　70/50 cm　　2012

新日子

地中海的浪不够泼辣

风不够犀利

教堂钟声

不痛不痒地

敲打空气

日复一日

太阳落下升起

我在尽力识别

想要抓住某种凭据

让自己晓得

今天是特殊的日子

好预备

馨香的燔祭

然而

再重要的时辰节期

刚被纪念

就已经过去

如同古废墟中

被遗忘的榨酒池

往日的芳香

欲寻无迹

唯有在你里面

时间对我无计可施

有另一条生命线

活泼延续

每天用新皮袋

装新酒

枝头常挂满

新果子

2020 年春写于巴塞罗那

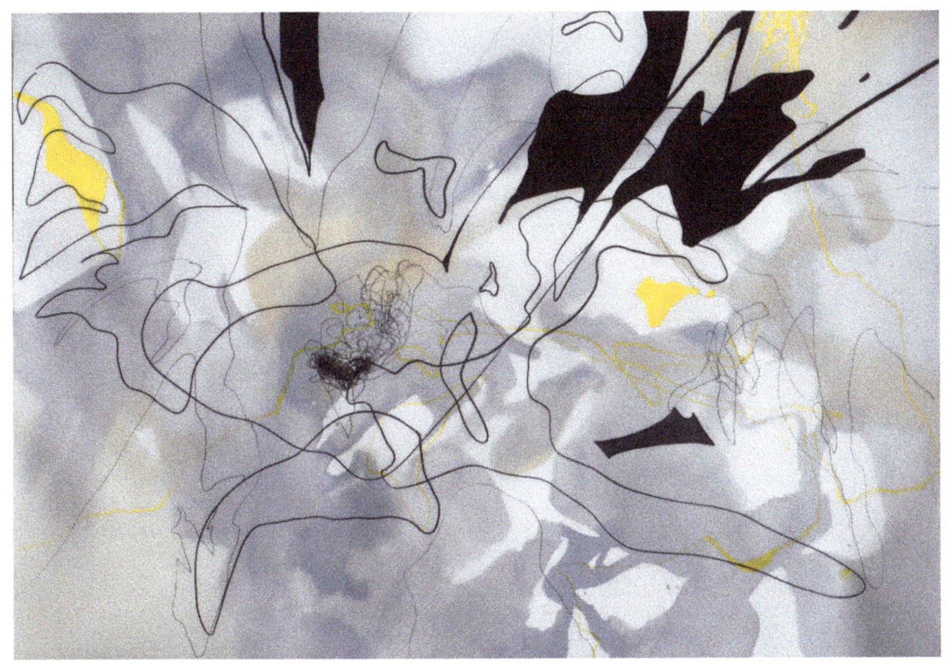

《在地如在天No.1》　　纸本综合材料　　70/50 cm　　2012

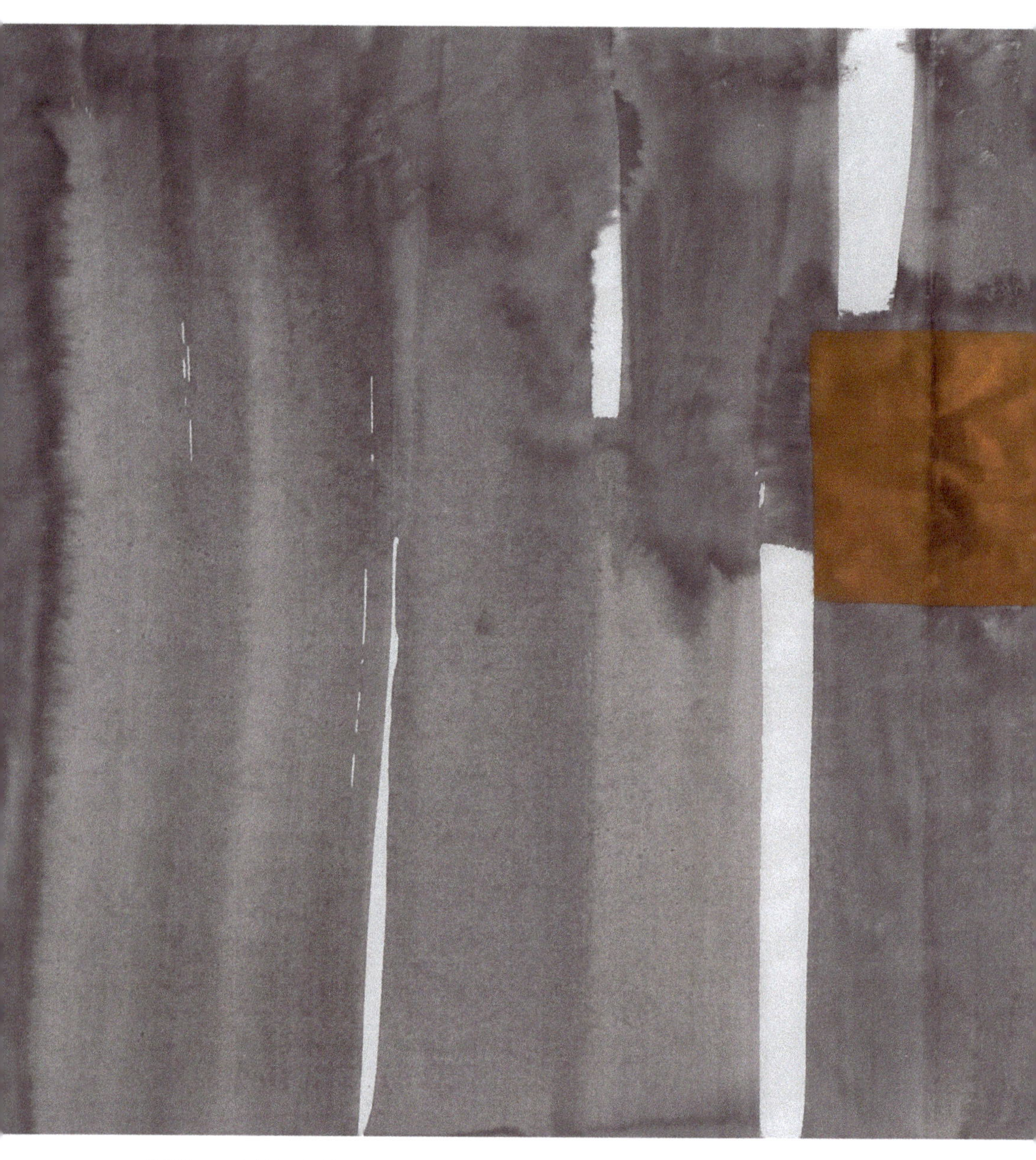

《承诺 》　　宣纸水墨和丙烯　　150/80 cm　　2019

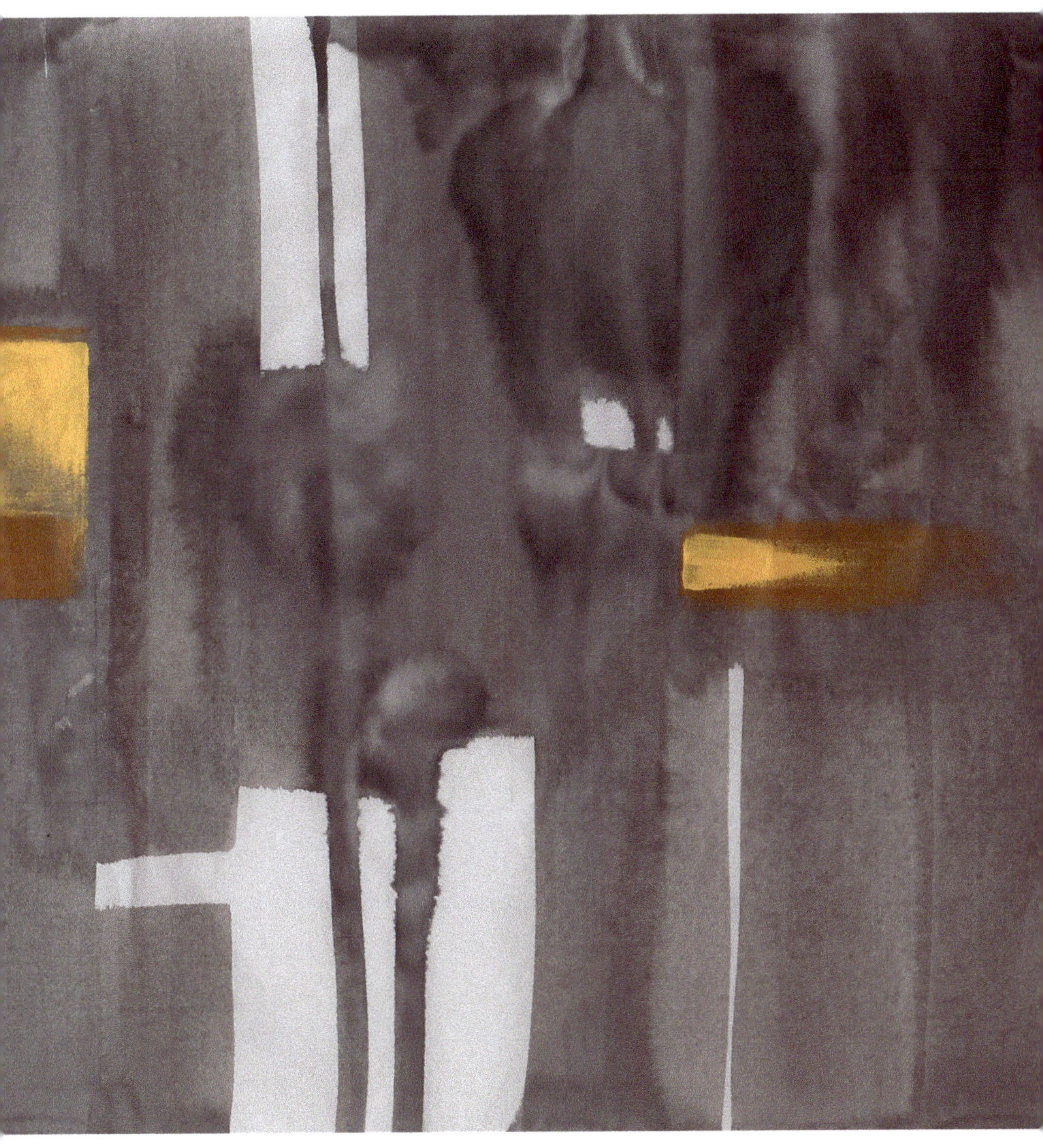

证据

形容词

再美

也只能用来形容

不能用来定义

情绪只不过

远处若隐若现的山

故事之外

还有故事

眼目看不见的

比听得见的多

怀疑不足以成为

思考的证据

你稳定的体温

使我知道

活着

就是最伟大的奥秘

2016 年秋写于巴塞罗那

五分钟

高速列车钻进黝黑的山洞

又从一端出来

没有超过

五分钟

把目光移向车窗外

那快得无法对焦的风景

应该成为

我们一生的话题

请不要相信

明天一定下雨

也不要相信

雨过一定天晴

黑暗始终盘踞

努力要挪去有关光明的记忆

我用平缓的呼吸

将它藐视

我看着你

说　你也可以

不超过五分钟

即将穿过黑洞

进入光明

列车继续前行

无论停在哪里

下一站

才是目的

2015 年夏写于巴塞罗那

老夫老妻

我是你

隐隐作痛的肋骨

那条著名的肋骨

创世之初的应许

天衣无缝的祝福

不需要担心月圆太快

或者　日落太早

幸福在狂躁的夜中

显得格外安静　而伟大

我是你的

永不过期

即使房门关上

总有一条细缝透出亮光

告诉我

你的抱怨

已经变成了

最温柔的歌

没有比这更安逸的风景

你却仍不满足

扬起帆

你要驶向远方

驶向你曾捞起我的那个地方

而此刻

我却端坐家中

成为你脸上笃定的微笑

和你心中

可安息的

乐土

2018 年秋写于巴塞罗那

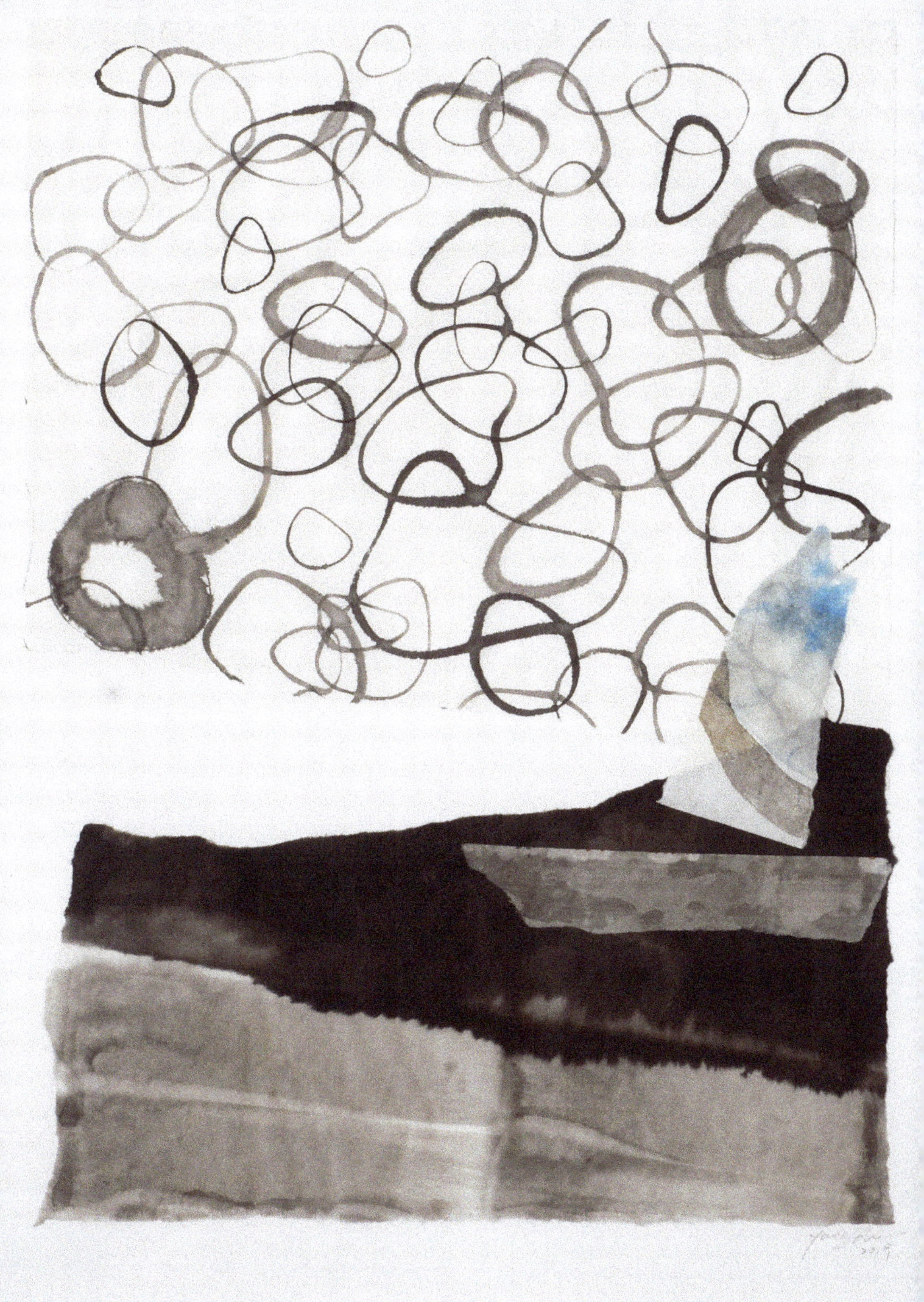

《梦中远航》　　宣纸水墨拼贴　　70/50 cm　　2019

受重创的城市

樱花已落

琴声将停

有未知的惶恐

在空巷中

漂浮

呼出的每一口气

都是奢侈

焦灼而安静地

等待着

从噩梦中苏醒

蝗虫吃尽了希望

瘟疫吞噬了心

眼泪已经显得廉价

商家的叫卖

和霓虹灯一样

自讨无趣

逝去的繁华不值一提

隔空的呐喊

软弱无力

这个受过重创的城市

把善意的微笑

也当作陷阱

千万人的祈祷

未蒙应允

风中

你仍紧紧抓住我的手

纵然我

已将你忘记

我们不是裁判

却都想坐在裁判席

都想一声令下

黑暗

就变成光明

虽然我们都不懂

光明的意义

2020 年春写于广州

天的孩子

自从你看到天使

魔鬼就逃离

你知道爱的能力

可以使剩下一片叶子的爬墙虎

瞬间变成茂盛的绿荫

你忘记了

被母亲毒打的疼痛

因为那些痛已经变成

最美的装饰

你大声笑　云就开了

你跺脚　地就裂了

你是一头小母狮子

要夺回每一寸

被仇敌占据的领地

你踏遍每个

最幽暗的角落

打开每个

最坚固的锁

抚摸里面

被冻硬的心

你要往南方走

我知道你会带去

随处绽开的奇迹

你是天的孩子

从泥土中爬出来

就不会　再回去

2017 年冬写于巴塞罗那

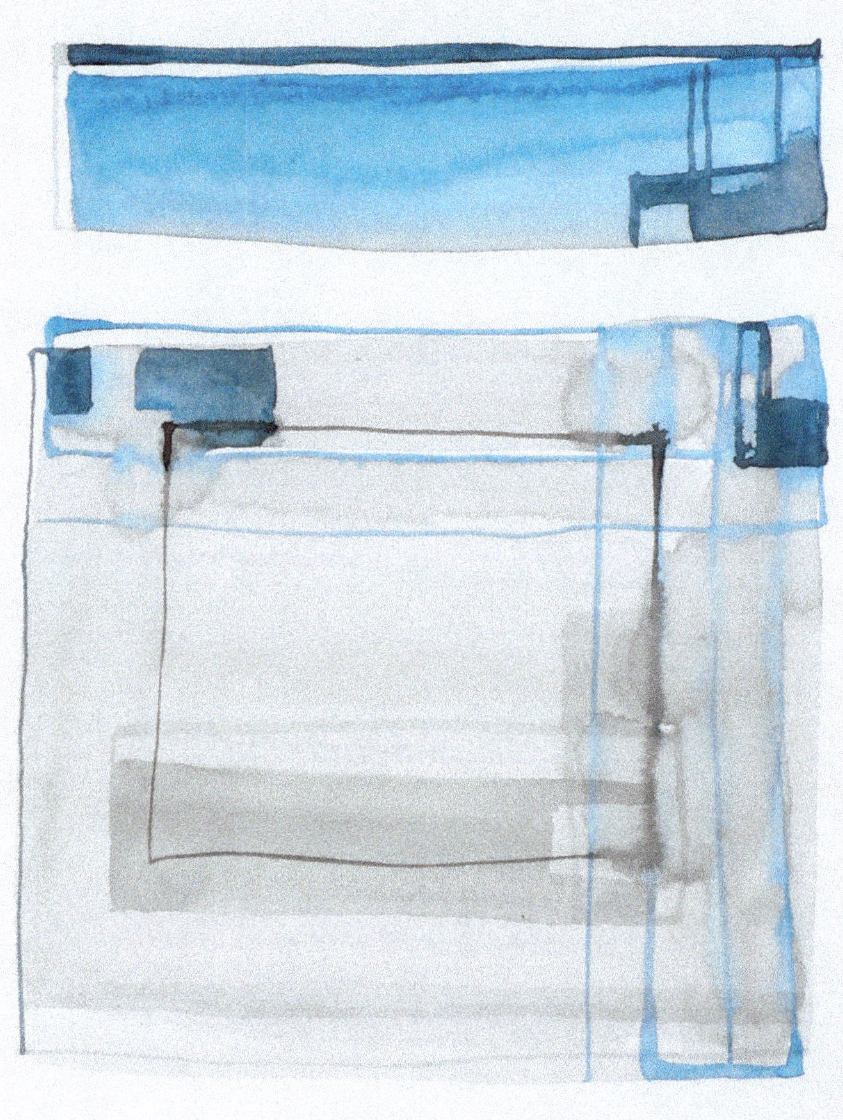

《窗No.1》　　纸本水彩　　25/20 cm　　2018

你无始无终

天生茂盛而荒芜

用凌乱的逻辑

自圆其说

不被人发现

就是你存在的所有意义

四周的海上

从未出现过船只

你不曾被占领

不曾被抛弃

不曾被划入野心的版图

孤独

就是最好的防御

然而

有一个隐藏的事实

被你忽略

那就是

至深之处

你连着一片大地

2016 年夏写于撒丁岛

我为你写了一首诗

黄昏

做饭前

我为你写了一首诗

准备用最温柔的声音

读给你听

此时你仍坐在电脑前

以男性的焦虑

皱着眉头

注视着

那些伟大的表格

和密密麻麻的数字

忽然我想起了

伊甸园中

那漫不经心的

一个眼神 一个动作

但我四周张望

看不到蛇的踪迹

好吧

那就从冰箱拿出一条

解冻好了的鱼

清蒸 还是红烧

也许这才是我

应该认真思考的问题

2017 年冬写于巴塞罗那

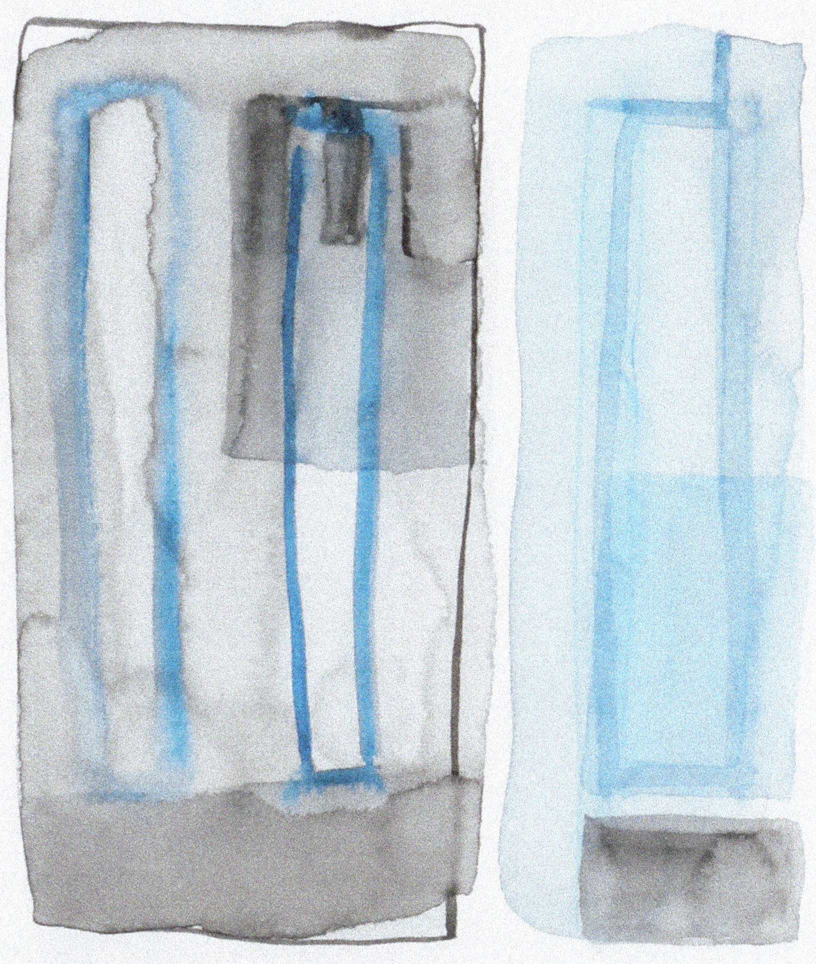

《窗No.2》　　　纸本水彩　　　25/20 cm　　　2018　▶

新
贵
族

一群最廉价的基因

在尘土中发酵

试图以新贵族的名义

腐蚀空气

沉默与噪音

相互赞美

为了寻找未知的崇拜者

各自穿上

高级定制的囚衣

霉变的记忆

无法提供清晰凭据

证明所谓的幸福

不是出于命运的败笔

黑暗如此轻盈

方便携带

如同只有一页纸的遗书

不时提醒

所有骄傲的资本

都藏在

始祖鸟的粪便里

戴着一顶华丽的帽子

试图为堕落

更换定义

然而

血液中的杂质

注定一切盈余的快感

最终只是

一声叹息

1994 年写于广州
2015 年秋修改于巴塞罗那

重温

站在

四十年前

玩耍过的山上

地上有草　树上有花

我穿着母亲儿时穿过的裙子

唱着她儿时的歌谣

战争时代

家没有了　人走散了

金子

是唯一保值的东西

妈妈的外婆

把一生的积蓄

换成几片金叶　贴身怀揣

几经颠沛流离

如今

它们被打造成

款式过时的戒指

放在杂物柜

可有可无

时间使一切失去意义

又使一切有了价值

当年梨花带雨的辛酸

夹着唠叨与责备

以及不确定的憧憬

变成端庄秀美的字迹

写在发黄的家书中

寄到今天

被我拿在手上

轻轻朗读　细细重温

那一份我不曾体会过的

柔情

2019 年冬写于梧州

你不需要施诡计

也不需要诱饵

只要动用

一个怜悯的眼神

就能轻而易举

将我捕获

使我甘心情愿

摘下头上自义的翎毛

顺服地走进你

爱的牢笼

我要在笼中

天天为你唱歌

学你说话

你向我吹哨

我便雀跃欢腾

这是我安乐的居所

这里真好

鸟笼

但你将鸟笼打开

背转向我

空气中传递着

一种温柔的严厉

你告诉我

时候不多了

我必须离开

必须回到那片

曾努力逃脱的危险丛林

因为那里有成千上万的鸟

至今

仍未见过太阳

2018 年冬写于广州

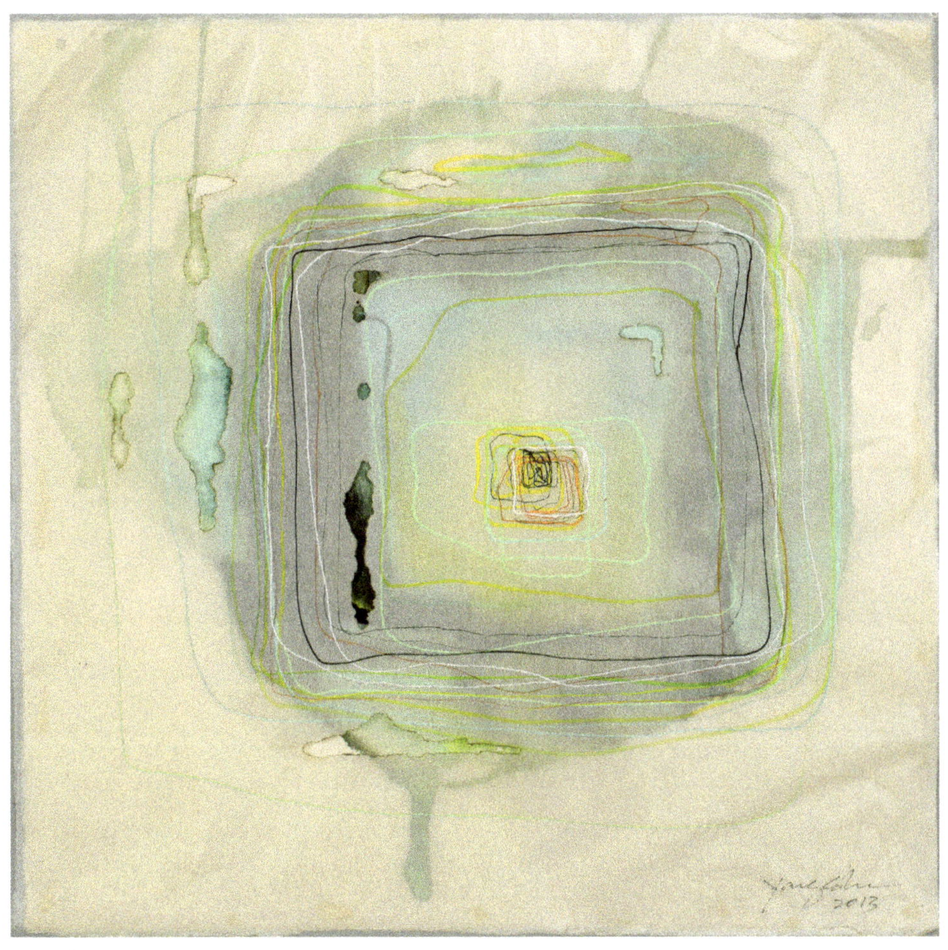

《馨香之气No.5》　　　纸本综合材料　　　30/30 cm　　　2013

突如其来

你的爱突如其来

如正午的阳光从乌云中射出

夺去了我对你一切

暧昧的想象

你不允许我迟疑

必须做出响亮的回应

如同亚伯拉罕

将以撒献在祭坛上那般

沉重而真实的回应

你用火热的眼睛等待着我

将一切的伪装烧尽

叫我无地自容

难道我之前对你的思念

都是纸上谈兵？

难道我发自肺腑的宣告

都是谎言？

低下头

羞愧突如其来

重新将我层层包裹

隐藏在午后的

乌云里

2017 年冬写于巴塞罗那

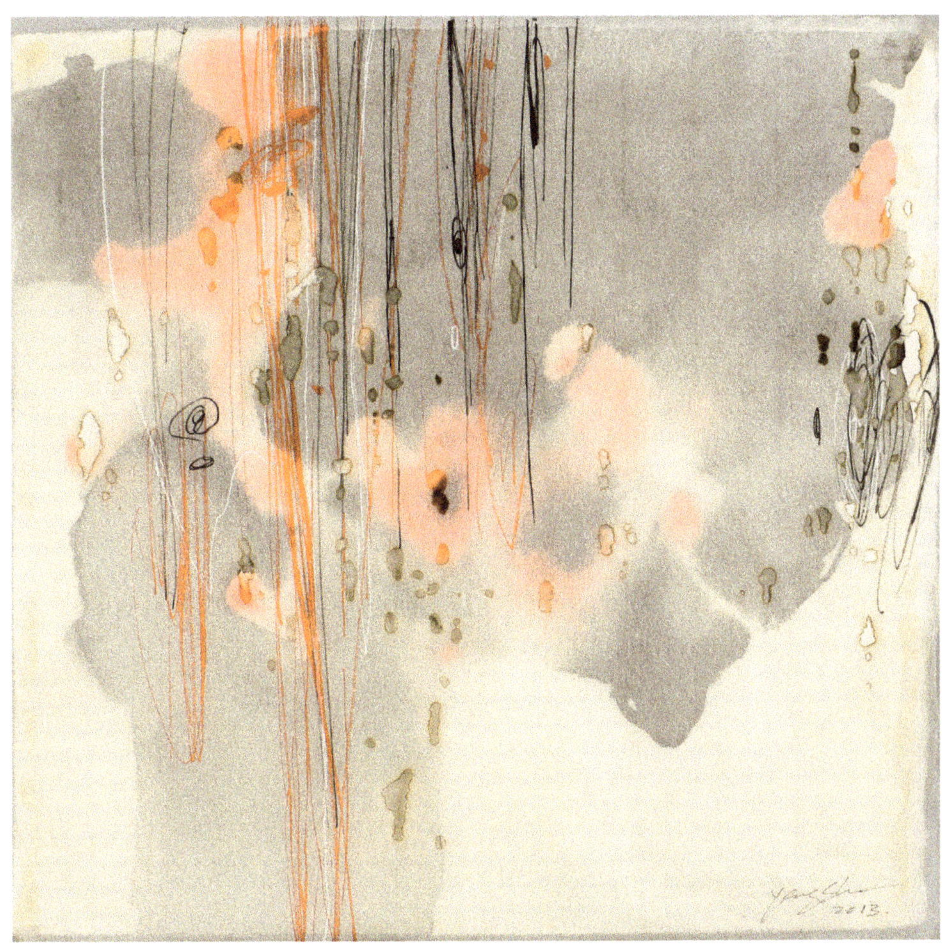

《馨香之气No.1》　　纸本综合材料　　30/30 cm　　2013

逃离

涣散的云

无法凝聚成雨

有些忧郁

总是难以启齿

记忆如同窗台上的桔子

渐渐风干

我迫不及待

将它丢弃

你低声告诉我

故事还没有结局

我的余光看到

你落在我脸上的泪滴

不过你松开了我的手

慷慨地

允许我逃离

虽然你掌管四季

也始终掌管着

我的气息

2018 年秋写于巴塞罗那

隐藏的骄傲

翅膀还没有长起来
心已经飞了
亘古的咒诅
在血液里隐藏

你垂下眼睛
颤抖着
用帕子遮住脸
俯伏在地

其实
帕子并非谦卑的记号
乃是用于抵挡
光的直射
好让里面的黑暗
可以继续存留

不结果子的无花果树
试图用叶子
遮挡羞耻
可是被砍伐的日子
最终无法逃避

2019 年春写于巴塞罗那

窗外尘土飞扬

没有野花

没有落叶

没有被错过的风景

吉他弦被拨动时

夕阳就停止在

最美的瞬间

永远不从海平线

落下

你说夕阳中

我的剪影使你平静

如同一杯温和的

陈年普洱

可你又何曾知道

这种平静

是要付代价的

是要用暴力

甚至付出生命

才能夺得的

窗
外
尘
土
飞
扬

你看到我拳头上

隐约突起的青筋吗

我呼吸中

仍带有

硫磺的味道

我从腹中发出的吼叫

无人听见

这场跨越五千年的战争

至今尚未停息

但是胜负的结果

早在创世之前

已经

尘埃落定

任凭窗外尘土飞扬

2017 年秋写于巴塞罗那

《噪音中的歌》　　纸本综合材料　　39.2/27 cm　　2020 ▶

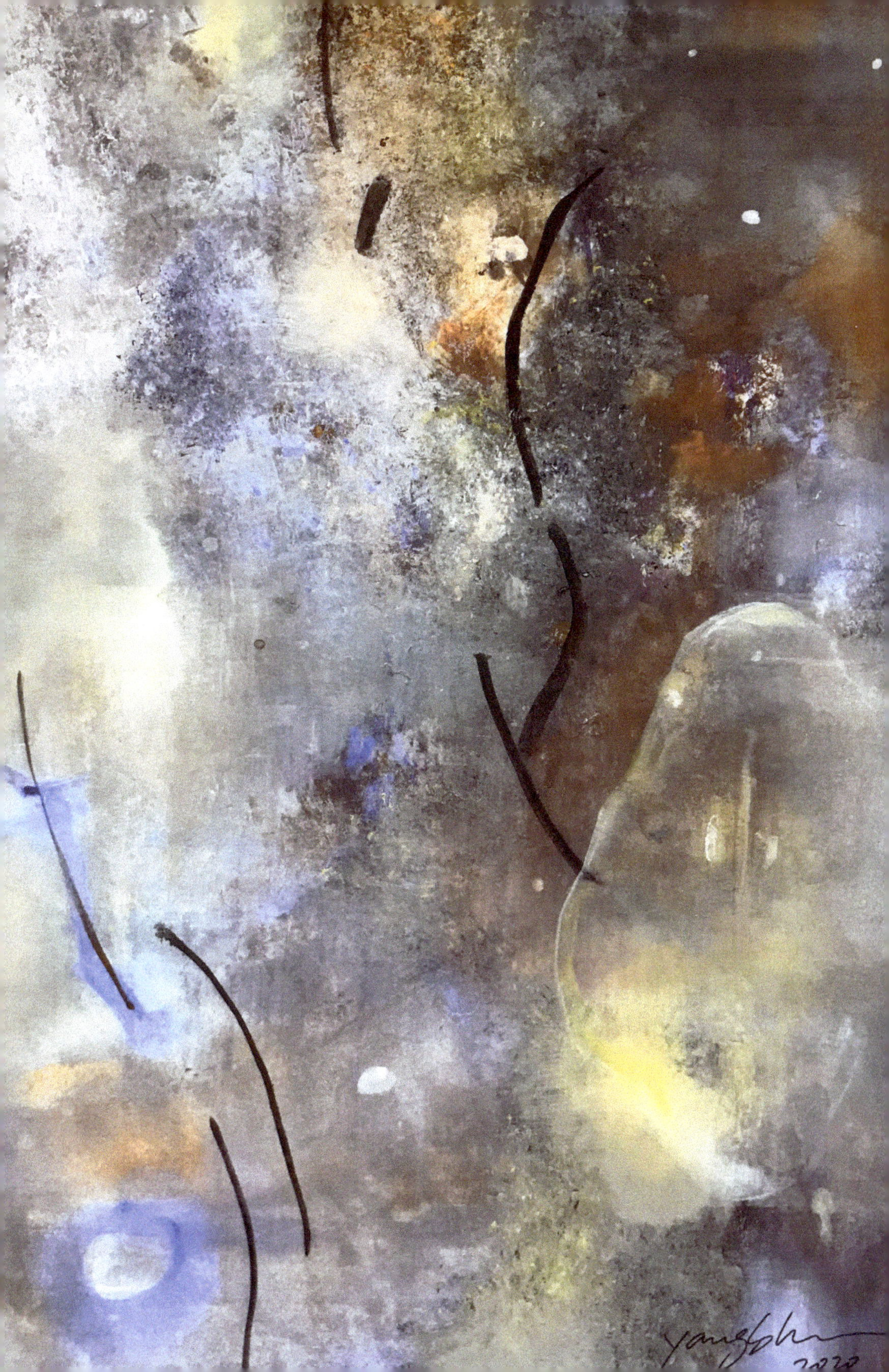

月亮如血

被影子吞没

古老的预言

如期而至

恐惧顿时失去了威力

只能在厄运中

背向自己

有声音从黑暗中来

有火从心燃起

有另一个我

被我差遣

你去

把月亮的血倾洒出来

让这地

喝尽！

2019 年夏写于巴塞罗那

太阳已经把

一切可以融化的

焚烧在

城外的欣嫩子谷

干

眼睛干涩

嘴唇干涩

你把时间拧出

一滴蔚蓝的泪

那是在烈火

即将蔓延到我脚前时

你给我喘息的机会

看着撒玛利亚的方向

我错过了什么

以至于看不到

你一直等候我的

那口井

错过了

就是永远

起初

清澈的天空

被谎言

割了一道

深深的伤口

从此再未愈合

重叠的疼痛

诞生了我

把自己关锁

在自己虚构的

自己中

又用另一个自己

将自己取代

谎言

于是我的存在

成了一个如此具体的迷

秘密联络着万物

却不着痕迹

这足以使我

轻松地

消失在尘埃中

在被咒诅捕获以先

改头换面

不再需要用谎言

遮盖谎言

2019 年冬写于巴塞罗那

　《记忆之门》　纸本综合材料　39.2/27 cm　2020　▶

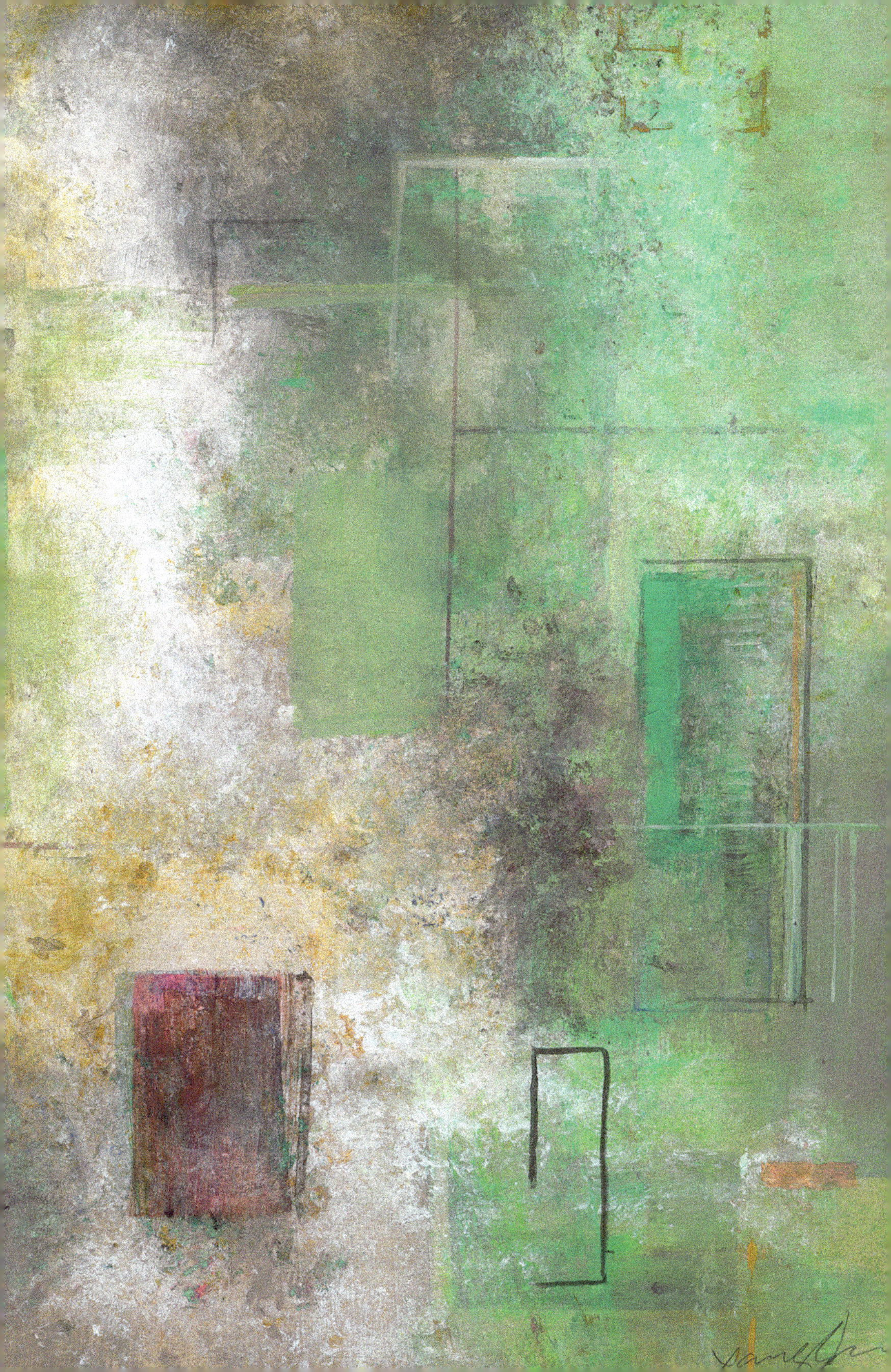

出世

这是一个
没有预谋的日子
左眼的余光
看见了
右眼中的迷离

引擎突然熄灭
城市滑向
注定的未知
没有配合教堂的钟声
也没有按着路牌的指示
使我有点
措手不及

每个人都试图
定格在幸福的假象里
而工地上的野花
提醒我
虚空是如此具体
如同一把
低音大提琴
为弦上留不住的音符
昼夜哭泣

但我还是想要极力揣摩
你如何趁我不在场时
决定了
我的命运
如何从尼罗河的淤泥中
将我拾起
烙上光的胎记
并删改了
玫瑰有刺的事实

今日
一个婴孩出世

2018 年冬写于巴塞罗那

绝望的锚

毫无预兆地

暴风雨在夜间卷来

惊醒了所有

关于灾难的想象

在此时

你的骄傲不过是

船舱中那盏

摇摇欲坠的灯

你无从揣摩

黑暗有多巨大

只在雷声中

听到无处不在的恐惧

并在闪电中

看到随时临到的毁灭

你可以选择无奈地蜷缩

可以选择抱怨

或尖叫

然而

你却坚决砍断并且弃掉

那纠缠在绝望中的锚

义无反顾地

驶向一无所知的未来……

波涛逐渐平息

天透出安慰的光

谁将你撕成碎片后

又将你保全

也许这一切的发生

都是为了驱逐

重压你心头多年的

乌云

让你明白命运

不过是一场

无常的暴风雨

而你曾经以为牢固的锚

只是连接死亡的钩

逃离

就是重生

绝望中的割舍

却连接了

永恒

2018 年夏写于西西里

我慎重地收起了笑脸

在一家名叫玛格丽特的咖啡店

给你买了一杯

用五种水果榨成的果汁

这果汁可以抗氧化　可以排毒

但却不能缩短

你长长的叹息

沙滩

巴塞罗那的海岸线很长

沙滩上半裸的老年人

松弛的皮肤闪着褐红色的光

他们在欢乐地谈论

有关死亡的话题

仿佛阿莫多瓦电影里的场景

我在调侃一只笨拙的海鸥

可是一回头

触到了你眼中的忧伤

那忧伤如此大

吞下了眼前的

整个海

你说这里真好　真舒服

闭上眼睛

把自己埋在

晒得发烫的沙子里

一个小时过去

你的背

终于有了温度

2014 年夏写于巴塞罗那

《巴塞罗那的春天》　　　板上布面油画　　　30/30 cm　　　2019

《回音No.1》　　布面油画　　100/80 cm　　2018

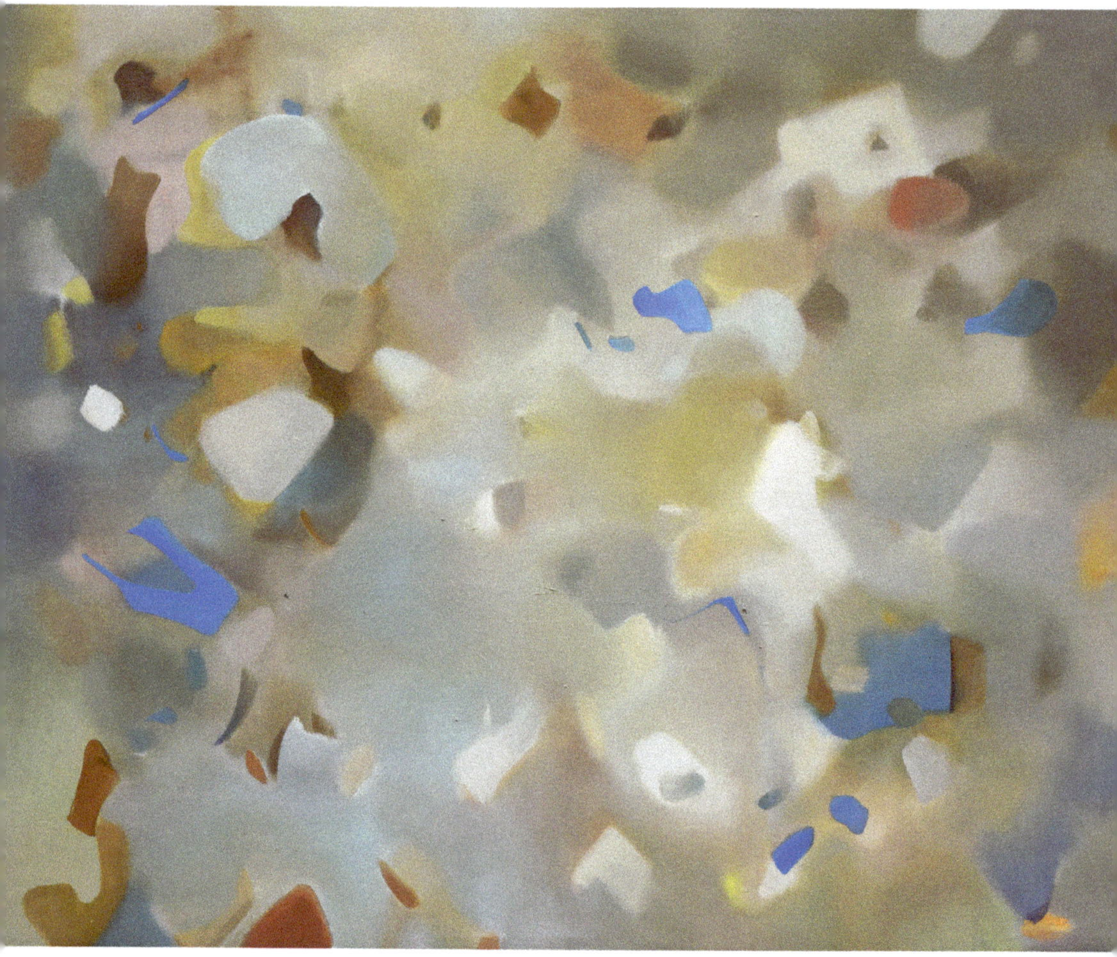

《回音No.2》　　布面油画　　100/80 cm　　2018

落差

你把天窗打开

让我看雨后金色的云

我却注目在

路边湿漉漉的风景

你把我带到高山

极目远眺

我却低头寻找

草丛里的野生菌

你跟我谈论

横渡大西洋的计划

我只关心

食物是否已经过期

你让我听

引擎的声音如此完美

我只听到了

你心跳的频率

2019 年秋写于巴塞罗那

你选择了我

干旱疲乏之地中

一棵最硬的皂荚木

你大刀阔斧地将我砍下

耐心细致地将我修理

并按着天上的样式

将我重新组合

你给我包上精金

镶上象牙　与彩贝

你将公义刻在我心中

又用自己的血遮盖其上

你亲自为我搭建帐幕　与我同住

使我所到之处都带来

你的荣美

约柜

2017 年冬写于巴塞罗那

镜中

我希望在镜中看到的你

是初春一朵洁白的杏花

有着少女的温顺乖巧

一无挂虑

不知道什么时候开始

你学会用诗来取代日记

我对你的爱

只能变成营养均衡的饮食

我没有义务要呵护你

我没有在疼痛中生你

你不要将我的肩膀

当作必然的归宿

也许我只是站在镜子后面的

另一个 你自己

你流泪了

我便转身离去

2014 年秋写于巴塞罗那

《自省》　　纸本综合材料　　39.2/27 cm　　2020 ▶

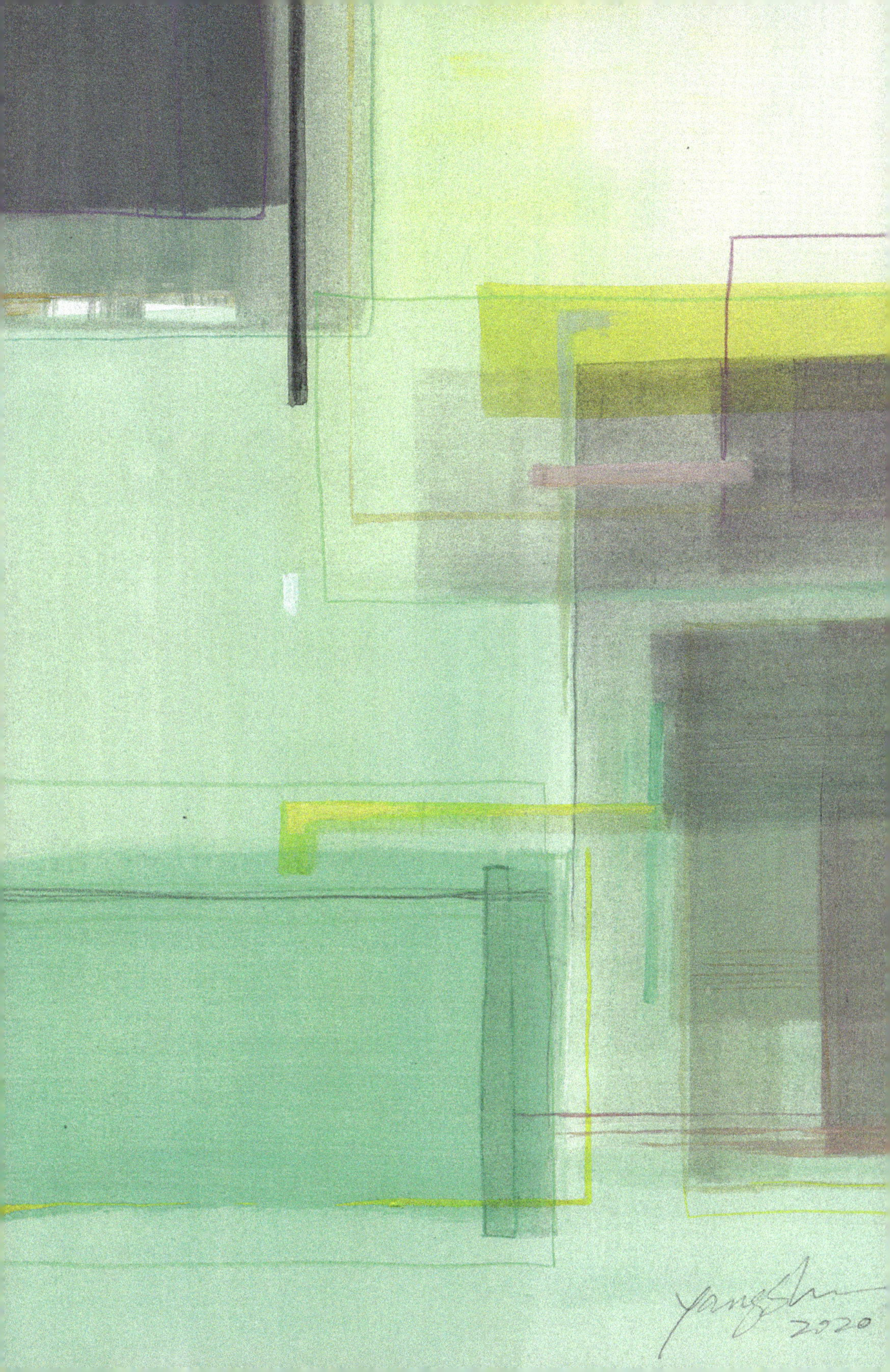

潜伏

你洋洋得意

房子被你占据了

但钥匙

却仍在我手里

我低下头 暗自庆幸

自从被带到这个城市

习惯与所有人亲嘴问安

却没有人知道

我的真实身份

连我自己也被隐瞒

证件上 是一张

未雨绸缪的脸

潜伏在快乐的人群中

却不知快乐为何物

记忆已被抹去

甚至 最初的使命

你将我找到

换了我手上的钥匙

给了我新的名字

而关于未来

只字未提

2016 年秋写于巴塞罗那

火祭

虚荣如同瘟疫袭来

又席卷而去

只留下被洗劫一空的我

无所适从

时间变成蛇

吐出我曾说过的

一切谎言

同时吞噬我

正在腐烂的躯体

只剩下

苍白的脸

表情定格在

初尝善恶果的瞬间

谁来将我埋葬

在破晓之前

谁来消灭

我活着的痕迹

泥土太单薄

不能掩盖我的恶臭

水太清

不能隐藏我的污秽

唯有祭坛上

从天而降的圣洁烈火

可以使我的羞耻

化成灰烬

又能使我变成

一缕上腾的香气

无声无息

飘进

至圣所的

幔子里

2019 年夏写于巴塞罗那

过客

这是一座

被阳光烧得灼热的城

每个人到了

都想永远留下

你也曾经打算着

在这里　安一个家

你四处寻找

似曾相识的街道

仿佛在

废弃的空酒瓶里

寻找油

你用集装箱运过来的家具

还没有下载

在阳台种的花

还没有开放

钥匙　就要更换

终于

怀着对别处的向往

你离开了这座城

离开曾经安顿过的家

把记忆随手机

发送到云端

密码

永不改变

2016 年夏写于巴塞罗那

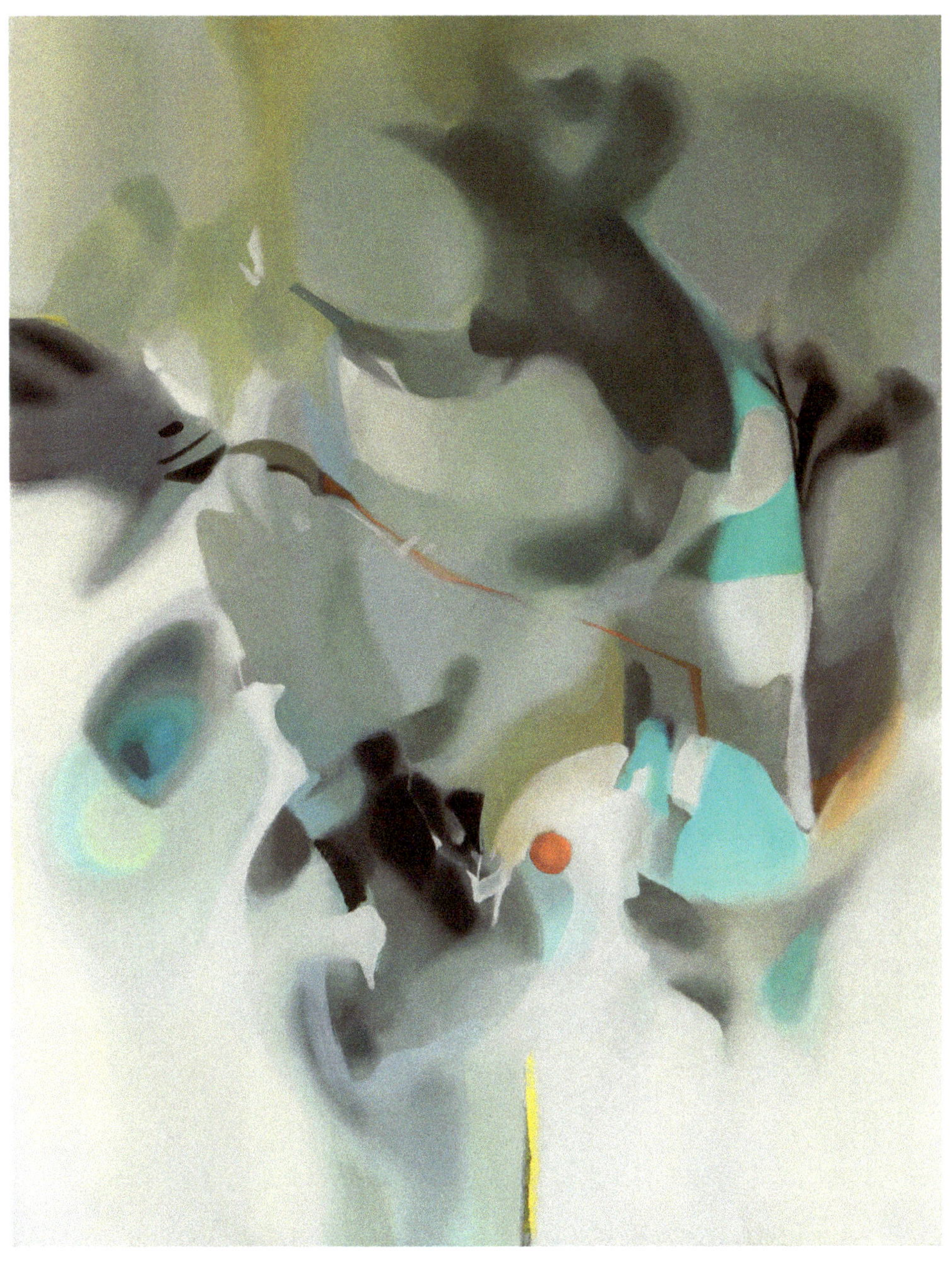

《隐喻》　　布面油画　　80/60 cm　　2009

黑夜如期到来

四周凌乱的电线

与脉搏一起缠绕着我

血凝固了

被制成

虚拟的标本

在各种时态中穿梭

左键、右键

进入、退出

繁荣

却与生命无关

所有的灯都开了

每一个角落都如此明亮

努力地营造着

安全的气氛

努力地

延长白昼的谎言

可是黑夜

依然

如期到来

2014 年冬写于巴塞罗那

逆行者

时间像一张破了的网

我们如一群瞎了眼的鱼

自以为有梦

努力吞吃欲望

却不晓得

避开死亡的钩

我计算着

血从身体蒸发的速度

计算着

从指间流走的誓言

顺着这些记忆

我往回逆行

骤然发现

在一切未曾开始之时

你已经

预定了结局

2017 年冬写于巴塞罗那

我已经

得到了你的全部

一无所缺

而你却让我看到你的缺乏

亏
欠

你本来富足

却为我倾尽所有

成为贫穷

每当我觉得亏欠

想为你做些什么

你却让我

更加富足

你说

你的缺乏

是别人无法认识

你的富足

于是

我似乎明白

该如何去

补偿我的亏欠

2016 年夏写于马约卡岛

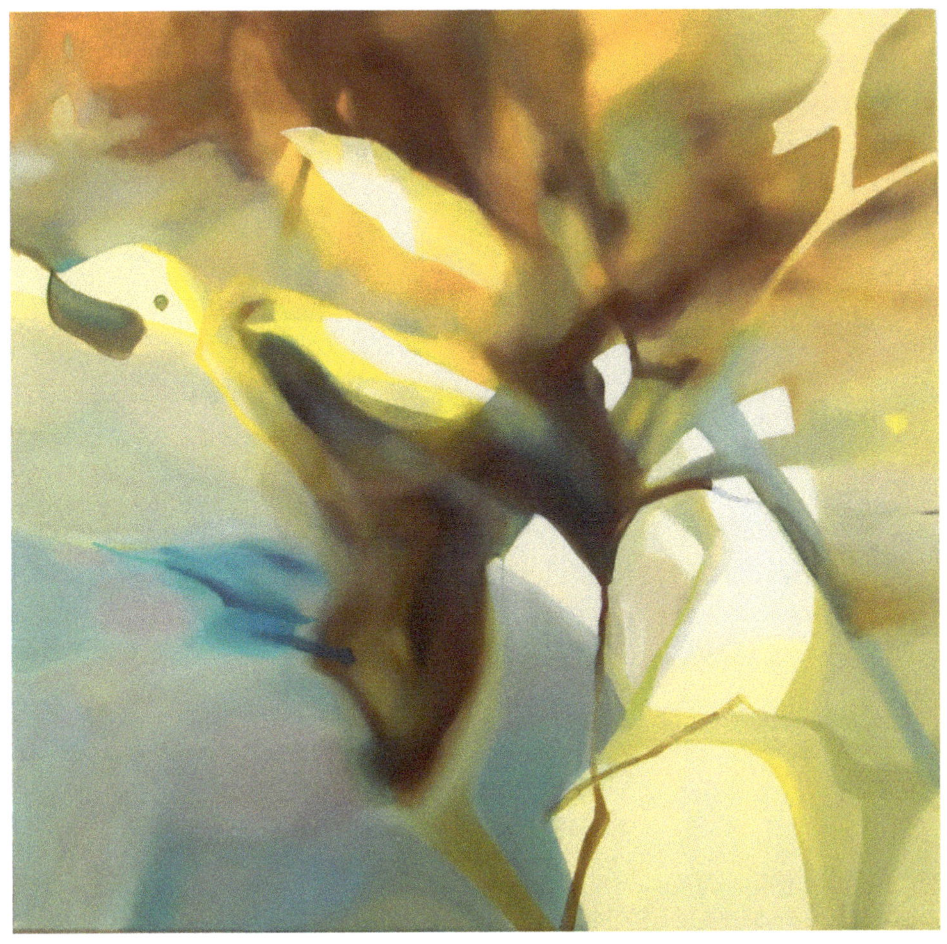

《无花果树的命运》　　　布面油画　　　100/100 cm　　　2016

你是我的中心

就像太阳

决定着我的四季

引力

你的嫉妒是强大的引力

我跑得再远

都难以逃离你所定的轨迹

其实你不需要动用舍己的爱

就能使我屈服

使我甘心　做你的奴隶

然而

你却要为我

毫无保留地燃尽自己

这种爱令我汗颜

令我不得不

抛开一切　献上自己

也许这是你的一个计谋

一个圈套

但我

甘心乐意

2020 年春写于广州

暗藏喜悦的秋季

仿佛回到了那一天

看到你怀中

血肉模糊的自己

仿佛闻到你的乳香

听到众人的嬉笑

和你无力而缓慢的呼吸

泪水已经蒸发

勾勒出一个

暗藏喜悦的秋季

即使日子如你的脸一般苍白

即使两个生命

从此分离

只留下你松弛的子宫

和我空洞的哭泣

然而仍有一种痛

如同深海

将你我连接

为彼此叹息

终有一天

我将捧着一束阳光

回来

放在你的手里

与你一同庆祝

那时的喜悦

2018 年秋写于巴塞罗那

退

我从竞技场退下

坐在观众席

又从观众席退出

成为局外人

我退下

并非出于失败

也没有受伤

只是因为

你向我发出的

甜蜜的邀请

花前月下

你要我陪着你

多走一里路

当我与你告别 回到观众席

又从观众席重新走上

昔日的竞技场

却惊喜发现

在那里

你早已为我预备好

得胜的冠冕 和

喜乐的酒

2019 年冬写于广州

　　　　《沉浮》　　纸本综合材料　　39.2/27 cm　　2020　▶

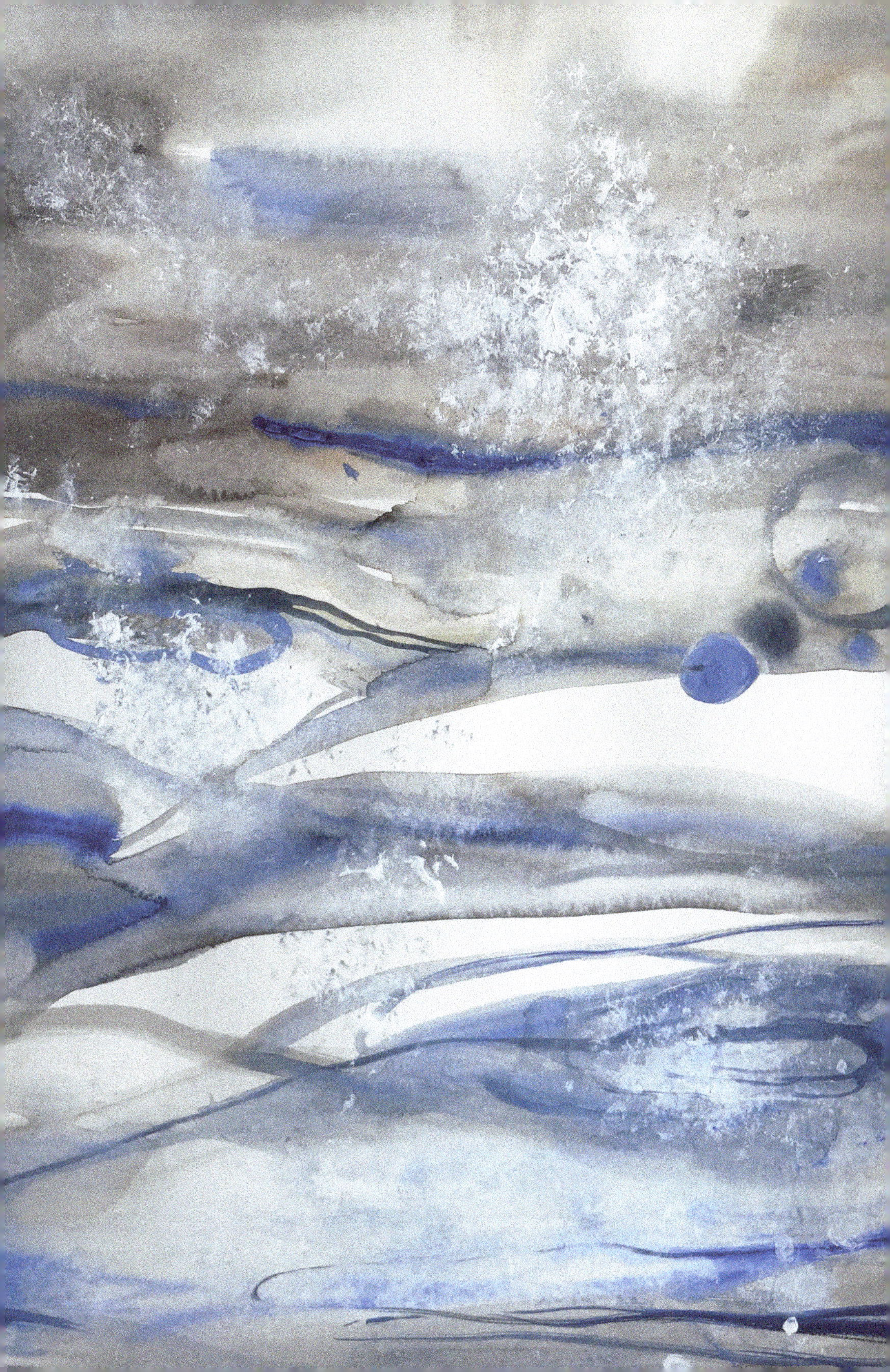

为你而笑

有书卷敞开

上面只写着结果

没有情节

面对你的邀请

我不愿把美丽全部展示

每一次绽放

就是一次死亡

你务要看见

我的笑容

因我存在的目的

就是为你而笑

敌人始终隐藏

身后

不时有火箭 向我射来

我忍着剧痛

用笑声 掩盖了呻吟

仿佛完全没有受伤

仿佛永远得胜

然而

你充满怜悯的下巴

微微昂起

告诉我

面带微笑的死亡

正是重生的印记

2019 年秋写于巴塞罗那

极端

你劝我

不要走极端

你说最喜欢灰色

百搭　中立

我说

灰色也是一个极端

极端的平凡

极端的自隐

无论哪条路

一直走下去

都会走到极端

即使原地不动

也是极端的无为

极端的逃避

唯有在永恒里

才无极无端

但你说

永恒

本身就是一个

极端的命题

2020 年冬写于广州

青梅酒

二十年的光阴

奢侈地散落一地

今天　你从人群中出现

还是那张似笑非笑的脸

轻描淡写地说

"梅子熟了"

忽然想起

那个寒风呼啸的冬夜

木屋内　炭火旁

那一盏刚刚温好的

青梅酒

聊透了人生几许

我忘记了你的名字

记忆仅停顿在

告别的瞬间

那天的阳光格外炫目

树上的青梅

还没到可以采摘的季节

你把我送上长途大巴

转身消失在人群

2019 年冬写于巴塞罗那

《五月》　　纸本综合材料　　39.2/27 cm　　2020　▶

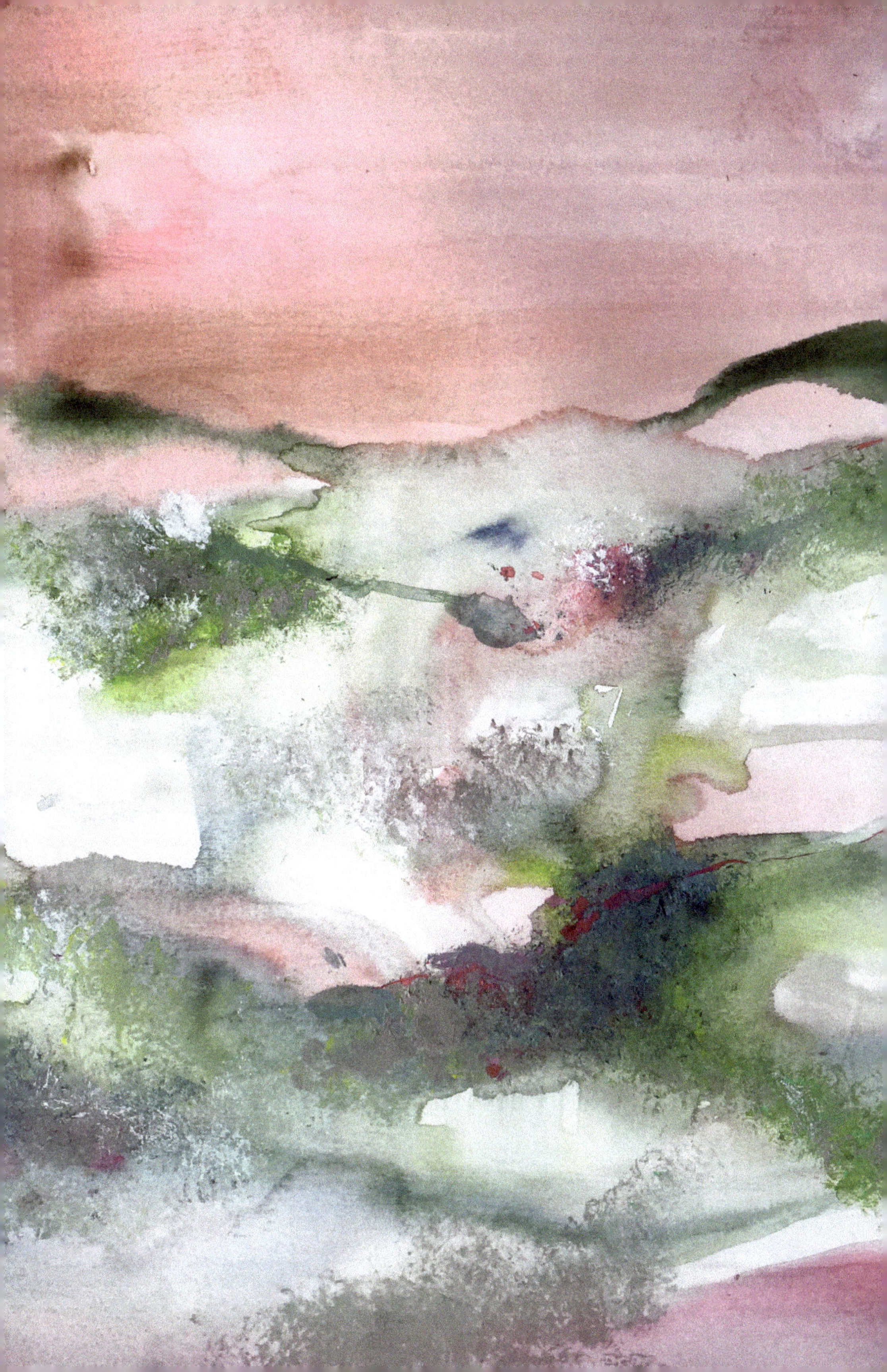

不奢望

窗外　有云飘过

我与它对换神目

心照不宣

沏一壶茶

反复把玩着

无法自圆其说的现实

错误的路径

再美丽也不足挂齿

总要留些许遗憾

树影　清风　鸦啼

拿起茶盏

欲言又止

不奢望每次抬头

总能遇见一轮满月

不奢望每次挥笔

总有惊喜

惟愿

在第一滴春雨落下之时

正好有你　一同坐席

2019 年冬写于巴塞罗那

重新调整了角度

仰视一朵 半开的白玉兰

有光透过花瓣

照在初春的脸上

心微微颤抖

嘴唇 却紧闭着

没有溢出赞美之词

惺忪的眼睛

隐藏初愈的轻盈

随着鸟鸣虫语

穿过花地

在恰得好处的春色里

宣泄与欢笑

显得不合时宜

还有过于理性的情感

都应该被吝啬

被节制

2018 年春写于广州

无糖的甜品

你双膝跪着

用微弱而颤抖的声音

流泪祷告

瘦削双肩背着过于沉重的行囊

被冬衣包裹着的白皙皮肤

需要格外怜恤

你有花一样的面容

花一样的年龄

你热爱文学

头脑中装满伟大的诗句

而苦难

过早地降临

在你还没有明白何为苦难之前

逃离战乱的故土

撇弃没有梦的家园

你把自己蜷缩在无知的恐惧里

如果还有一张狭窄的床

对你来讲已是恩典

任何热情的关怀

都会令你如同惊弓之鸟

你优雅谢绝一切慷慨

只捧着一杯温热的茉莉花茶

深深闻着 专心喝着

细长的脖子微微伸直

咽下了叹息

对生活

你重新有了诉求

喜欢海

喜欢有花园的房子

喜欢无糖的甜品

这时

天使环绕在你身旁

用翅膀遮蔽痛苦之泉

尊贵的喜乐

在你嘴角 轻轻荡漾

2018 年夏写于巴塞罗那

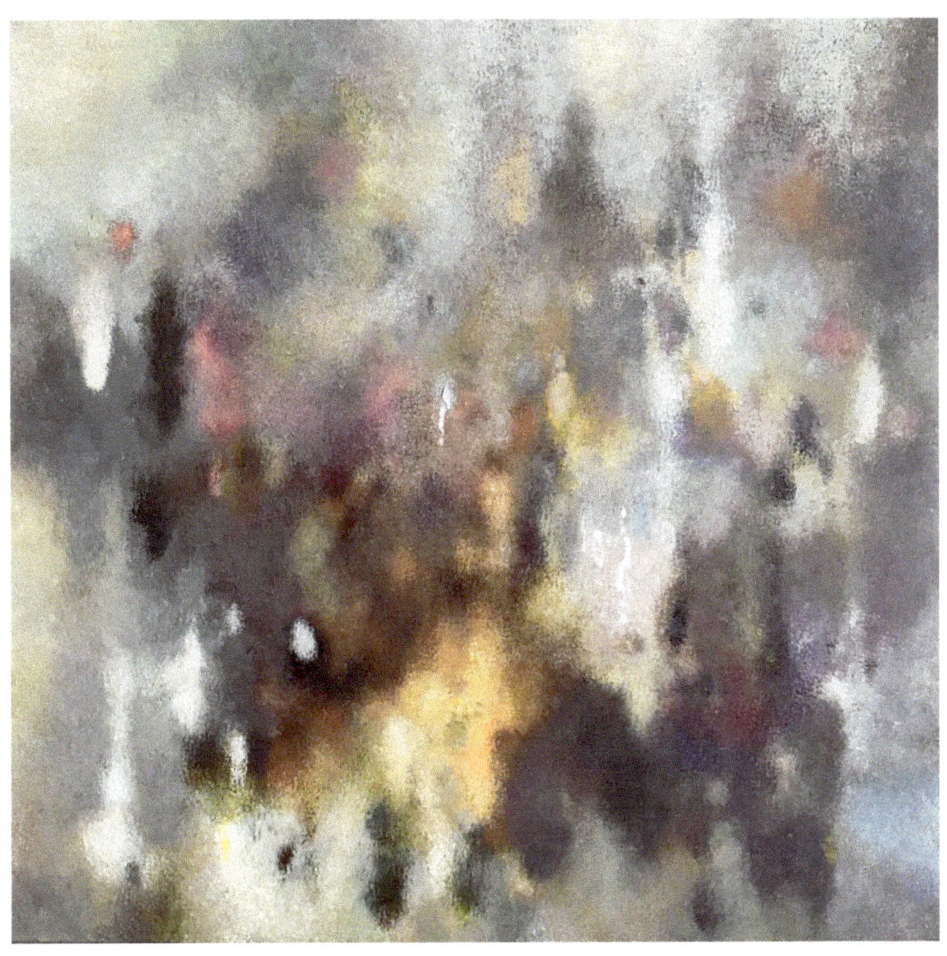

《远处的繁华》　　　布面油画　　　100/100 cm　　　2019

病
毒
史
诗

你用你的微小

纵容着人的自大与狂妄

在普世同庆的季节里

你粉墨登场

恐惧　催促我　　　　　布下隐形网罗

揭开你的面纱　　　　　使所有踌躇满志的心

才发现　你如此不可思议　绊跌滑倒

纵横亿万年　　　　　　你没有生命

你隐藏在远古的咒诅里　却隐秘地宿居在生命里

策划着一场场　　　　　你生存的目的

盛大的悲剧　　　　　　就是带来死亡的信息

你可穿越拆毁所有屏障

也可将人心与心隔离

你如明镜

照出一切隐藏的的恶

而人自以为的善

也瞬间被你瓦解

以无型的轭

套住刚硬的颈项

让其所标榜和追逐的自由

化为空谈

凭着无辜的外表

诡诈的手段

所向披靡

入侵　占据　摧毁

不过谈笑风生之间

任何障碍甚至阻击

都能为你的变异与升级助力

你没有偏见

不受一切文明影响

不看国界　肤色　语言

也不看财富　知识　年龄

在你面前　众生平等

对哀嚎与怒骂无动于衷

你冷酷中立

心比天高

你虽知道自己的命运

将在真正的黎明到来时结束

仍不懈努力着

让所有悖逆骄傲的头颅

蒙灰伏地

那一天　就是你

黯然谢幕的日子

2020 年春写于广州

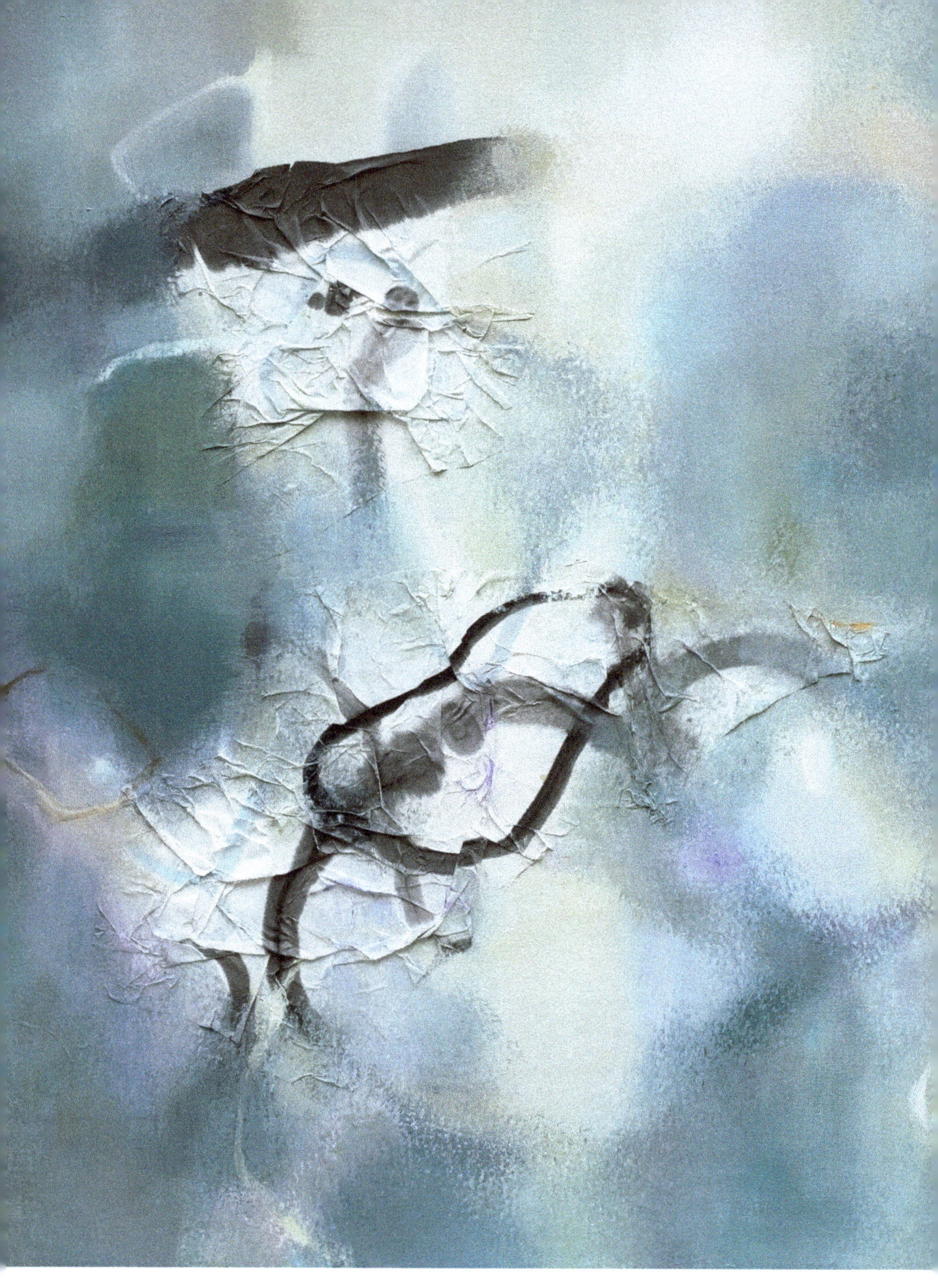

《水之语》　　布面综合材料　　150/120 cm　　2019

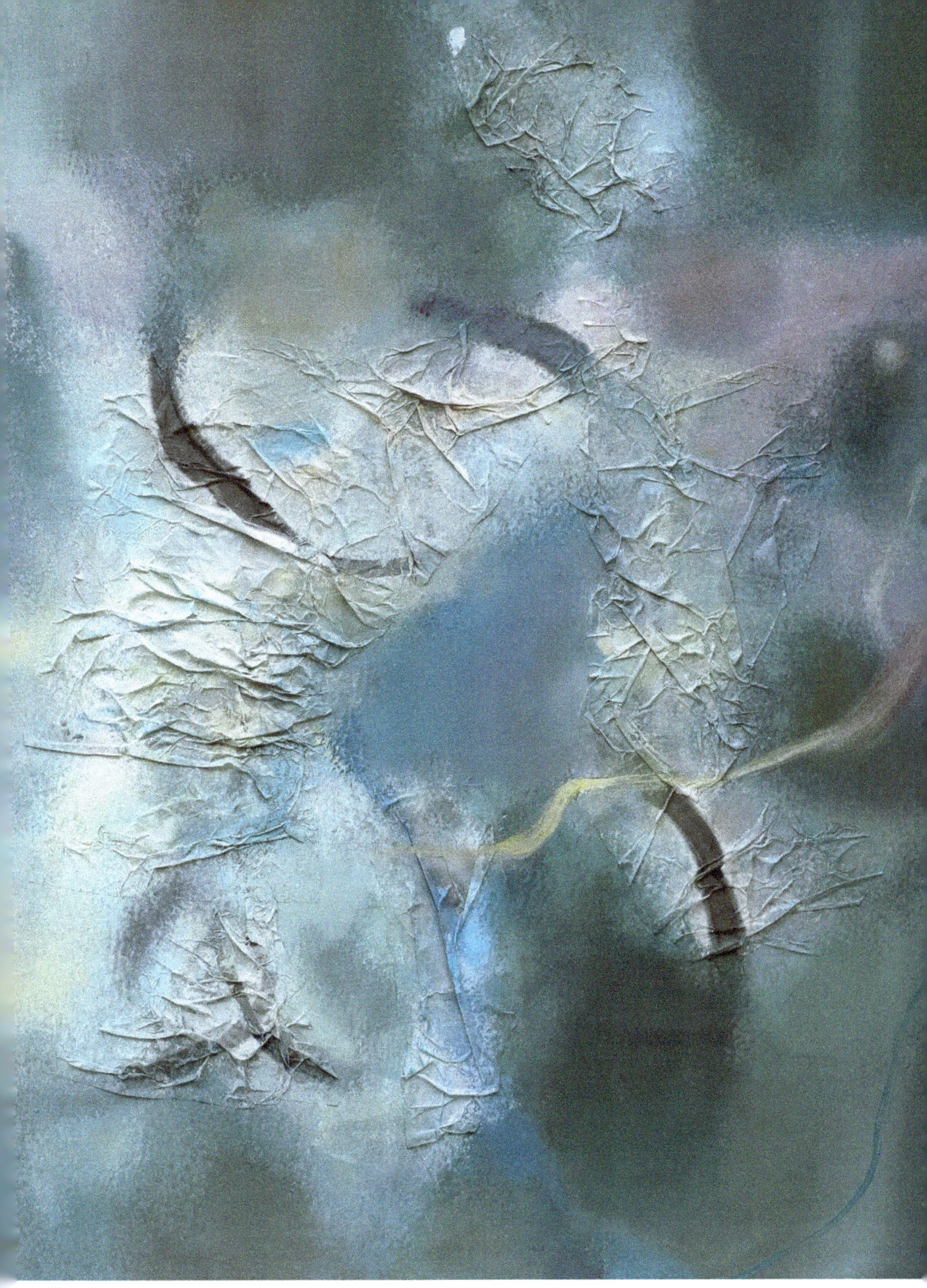

www.ingramcontent.com/pod-product-compliance
Lightning Source LLC
LaVergne TN
LVHW051925160726
843515LV00013B/2675/J